AU COEUR DES
ÉMOTIONS
DE L'ENFANT

最好的教養，從接受負面情緒開始

理解孩子的情緒風暴
打造良好親子關係的
45堂對話課

伊莎貝爾・費歐沙 著
周昭均 譯

ISABELLE
FILLIOZAT

獻給我的父親：

他一直竭力反對使用「教養」一詞，更喜歡說「陪伴」自己的孩子。深受父母對他使用暴力的影響，他沒能做到總是待在孩子身邊，但總是支持著他們。他愛我，尊重我，把我視為「人」；他給了我他自己不曾獲得的。

獻給讓我成為母親的瑪歌和阿德里安。

獻給助產士蘇奧絲·彭（Suos Pom）、比吉奧教授（Pr. Biziau）和產科醫師柯琳·德雷謝－札朗傑（Corinne Drescher-Zaninger），她們在我人生中最幸福的時刻陪伴我。

獻給LLL國際母乳會與其主席柯蘿德·迪迪耶尚－朱沃（Claude Didierjean-Jouveau），她幫助我親餵我的孩子，也因此為我開啟了美妙無比的親密層面。

目錄

前言 011

① 我們能培養孩子的EQ嗎？

1. 心的智慧 021
2. 相信自己 023

② 問自己七個問題來回應（幾乎）所有的狀況

1. 他經歷了什麼？ 031
2. 他在說什麼？ 037
3. 我想向他傳達什麼訊息？ 041
4. 我為什麼這麼說？ 046
5. 我與孩子的需求是否相互競爭？ 050

6. 對我來說，什麼最珍貴？ 058
7. 我的目標是什麼？ 062
8. 七個要記住的問題 067

③ 生命是動態的

1. 我是誰？一個有情緒的人 072
2. 「所以，我們得什麼都順著他們？」 076
3. 「我搞不懂他！」 083
4. 情緒的壓抑 091
5. 克制而不壓抑 104
6. 「他的抱怨讓人煩躁！」 113

④ 恐懼

1. 我們應該聆聽他的恐懼嗎？ 125
2. 最常見的恐懼 129
3. 度過恐懼 146

4. 運用緊張 155
5. 他很膽小？ 157

⑤ 憤怒有助於認同感

1. 憤怒是健康的反應 167
2. 解讀需求 174
3. 需要陪伴的生理反應 178
4. 父母生氣時 183
5. 在你想打人的那一瞬間，幾個避免暴力的辦法 191
6. 他很易怒？ 193

⑥ 喜悅

1. 我們能學會活得快樂嗎？ 201
2. 愛 206
3. 遊戲、尖叫和歡笑 208
4. 陪伴喜悅 211

7 悲傷

1. 淚水令人動搖 215
2. 懷念 224
3. 陪伴悲傷 227

8 憂鬱

1. 如何察覺？ 231
2. 學業失敗是一種症狀 236
3. 他很憂鬱？ 238

9 人生並非寧靜的長河

1. 為了通過考驗，該讓自己變得冷酷嗎？ 245
2. 分離 249
3. 新寶寶來臨 264

4. 父母的爭執 267
5. 你們要離婚 269
6. 意外、疾病、痛苦 278

⑩ 與孩子一起更快樂生活的構想

1. 要快樂 283
2. 聆聽 288
3. 用身體、用心、用腦，進行人與人的交流 294
4. 感受為人父母的幸福 298

結論 299
致謝 301
附錄——無體罰教養宣言 302

你們說：
「我們受夠了跟小孩在一起。」
你們是對的。
你們說：
「因為我們必須放低身段、彎下腰、蹲下身、
把自己放在和他們同樣的高度。」
這你們就搞錯了。
讓我們疲累的不是放低身段，
而是抬高身段。
我們必須往上爬、踮起腳尖、伸出手去觸摸，
才能感受到他們的感受，
才不會傷害他們。

——雅努什．柯札克[1]

1. 參自雅努什．柯札克（Janusz Korczak）著，林蔚昀譯，《當我再次是個孩子：波蘭兒童人權之父選集》。

前言

擁有心的智慧，是懂得愛別人與瞭解別人，能自我實現，能在各種形勢下做自己，和在各種艱難的情緒狀況，像是衝突、失敗、哀悼、分離、考驗，但也包含成功、相遇與各種成就中能有所反應。總而言之，就是擁有過得快樂、不讓自己被敵人主導、選擇自己的生活和與他人建立和諧關係的能力。誰不希望自己的孩子擁有這些？

是什麼在人生中牽制我們，讓我們無法幸福？是什麼讓我們的心有了缺陷？是童年的痛苦回憶（通常是無意識的）與由此而來的恐懼：害怕被評價、被傷害、被羞辱、被拒絕或被無視，害怕讓我們質疑自我實現能力的失敗，害怕像在告訴我們自己在人群中沒有容身之處的拒絕，害怕其他人，害怕死亡……

讓一個人無法表現出自我，無法與他人發展適當關係的，是恐懼、痛苦和被壓抑的憤怒，而不是體質的缺陷；抑制了正常發展的是恐懼或痛苦，而不是有缺陷的大腦。因此，我們可以藉由不去傷害孩子和教他們學會信任來幫助他們。

社會今非昔比，過去的教養方法已不適用。

在當前的社會中，成功之道必須透過自信、自主和自在的人際關係。在明日的社會裡更是如此。溝通與掌控情緒的能力至少已經和技術能力一樣重要。為了在私生活與工作中成功，心的智慧比以往更為重要。**只培養孩子的智商並不夠，我們也必須關注他們的情商。**而且，許多智力與學業上的困難都源於情緒障礙。

沒有一位父母樂見孩子癱在電視前面或黏著電玩主機。如何幫助孩子抵抗螢幕的入侵，抵抗電玩、電視、電腦……的擴散？如何幫助他們抵抗電玩遊戲、影片、廣告、電影，或受歡迎的節目裡，乃至動畫中的暴力畫面和影像流瀉而過的催眠節奏？

沒有一位父母能承受孩子墮入暴力、酒精或毒品中的念頭。當連校園中都存在暴力，當飲酒與吸毒觸及的年齡層越來越低，我們要如何讓孩子在面對這些誘惑時，做好防禦的準備？

沒有一位父母希望孩子成為邪教的信徒，放棄自己的意志去盲目追隨他人。如何給予孩子足夠的自信、內心安全感與自主性，讓他們不會屈服於某位「教主」的誘惑？

暴力行為與對人際關係、影視作品、毒品或藥物的依賴，都是在企圖控制無法處理的情緒。**這些症狀的根源在孩童時期。它們掩蓋了欠缺、關係上的傷害，及溝**

通的失敗。

羞怯、妄自菲薄或自視過高都是一段經歷造成的結果。受傷的感受、不被瞭解的意圖、被誤解的行為……在親子關係中，痛苦的機會很多。

孩子是一個人。情緒是個體的核心，是個體「生命」的表現。懂得聆聽情緒、尊重情緒，就等於聆聽那個人、尊重那個人。面對孩子強烈的情緒，父母常常感到手足無措，他們很自然地試著讓孩子平靜下來，制止孩子吼叫、眼淚與情緒的表現。**然而，情緒是有含義、有意圖的。它是療癒的。**宣洩情緒能讓自己擺脫痛苦經驗帶來的後果。反之，如同我在上一本書《心靈智慧》（L'Intelligence du cœur）中指出的，壓抑情緒是有害的。它會導致我們的各種防禦措施，像是痛苦的重蹈覆轍、強迫行為和身體症狀。

為了孩子的幸福與他們長大後的幸福，我們急需學會辨認、命名、瞭解、表達和正向使用情緒，否則，將會成為情緒的奴隸。

如今，我們知道六歲定終身……該做什麼？到底什麼不該做？什麼該做？最重要的是，該怎麼「活」？父母一定會有許多疑問。

從女性一懷孕開始，各種建議紛紛湧入。每個人都提出自己對哺乳、生產和「如何安置寶寶」的看法；之後，則是對權威、體罰和懲罰的意見。「千萬不要讓孩子睡在你們的床上」、「應該要替孩子設下界限」、「寶寶需要睡眠」、「男孩子不應該玩娃娃」、「孩子跌倒的時候不要安慰他們，不然他們會變成膽小鬼」、「如果你讓他們隨心所欲，你會讓他們變成罪犯」、「該做這個，不該做那個」……而這只是一連串「這麼做就對了」的開始。所有父母都得到大量的善意建言，和飽含言外之意、與他們教養孩子的方法有關的「問題」。

各種相互矛盾的言論紛紛出現。父母接收了過多的建議，但整體來說，可以參考的資訊卻非常少：在這個「每個人都有自己的看法並會高聲表明」的氣氛下，客觀的資訊卻鮮少被呈現出來。許多教養觀點更因為不理性也沒有任何嚴肅分析基礎，而以更激烈、甚至粗暴的方式表達出來。

父母要從這麼多元的概念中進行挑選，當然是很困難的。他們很快就失去方向或不知所措。建議者的想法通常都伴隨著或多或少間接的威脅，像是「你不懂，毒蟲就是這樣造成的」，或是給予指責，例如：「問題應該出在媽媽那邊」或「這是因為父母離婚」。

所以，我不想再提供你們一本建議之書。父母每天活在孩子身邊，他們比所有「專家」——無論是知名小兒科醫師或心理分析師——都更瞭解孩子。然而有時候，阻礙和誤解會對和諧的親子關係與真正的理解造成障礙。如果「專家」能幫助你，那是在移除這些障礙物的方面。

本書的宗旨是照亮道路，讓你更能避開可能的障礙物，解開糾結，幫助你突破某些障礙。一位年輕的媽媽或爸爸需要的是可參照的指標，而不是建議。他們需要**學會對自己和對孩子有信心。**

本書遵循兩項基本設定：

＊在每一個發展階段，**孩子都會告訴我們他們的需求**，只要我們懂得聆聽他們與解讀他們的語言。

＊**父母能瞭解孩子**，也能以適當的態度面對孩子，只要他們不無意識地服從教養原則，不盲目地讓自己的判斷屈從於專家意見，不受限於來自他們自己所受教養的死板方針，或是不再因為自己的經歷而太過受傷。

在談論兒女的教養時，可以不談論我們自己所受的教養，以及它們在我們身上無論有意識與否，留下多深刻的影響嗎？當孩子的狀況或態度讓我們生氣，呼喚我們的暴力時，我們顯然要為了能聽到目前的真實狀況而不把自己的過去投射進去，並能更適當且有效地行動，我們需要治癒個人的經歷。與孩子的關係太過艱難時，我們的情緒和人生經歷很可能得負起一些責任。這時候，諮詢心理治療師是有幫助的。

我們能培養孩子的EQ嗎？如何相信自己做父母的能力？這些問題將是第一章的中心。

關於教養，沒有絕對的方針。知道某些發展法則無疑是有幫助的，**但並沒有**

「應該這麼做」，也沒有每次都能產生「成功」大人的奇蹟辦法。在某一刻適當的作法，不久之後就不適當了。**比起尋找現成的答案或永不失敗的作法，不如學著由自己和替自己思考與決定。**在第二章中，我會提出七個你可以問自己的問題，來幫助你回應許多狀況。

自我認同感建立在對自己與對情緒的意識上。在第三章中，我們將會探索情緒的世界：情緒是什麼？它們有什麼作用？如何回應情緒？我們應該鼓勵孩子壓抑情感，好變得「堅強」，或者應該注意他的恐懼、眼淚或憤怒？如何幫助他變得勇敢，卻依然感性？

在第四到第七章中，我們會分別探討恐懼、憤怒、喜悅和悲傷的面向。

情緒未被聽見時，孩子可能會把自己困在憂鬱中。我們會在第八章解析憂鬱的症狀。

孩子的生活中可能會有突發的悲慘事件或痛苦考驗。在第九章中，我們會看到如何陪伴孩子經歷哀悼、分離、受苦和疾病，如何幫助孩子度過這些難關。

最後，在第十章，我們會提供幾個構想來增加與孩子一起生活的樂趣與喜悅。

在出發探索情緒世界前最後的提醒：孩子並不期待我們完美，只希望我們是人。我們不可能永不犯錯，錯誤是學習過程中固有的一部分。**別再擔心能否做個「好媽媽」或「好爸爸」，而是要更注意孩子的需求。**

本書中的某些段落可能會讓你驚訝，有些主張可能會令你覺得不尋常。請慢慢思考，聆聽它們在你心中的迴響。許多讀者曾在演講或研習中向我吐露心聲，我在書中敘述的一點都不特別，而是顯而易見的，但你們不曾從這個角度來看事情！

有些父母擔心自己的行為對孩子造成影響時，很自然會有人對他說「想太多了」。以這種話評價父母的人，會使用這種現成的答案，通常也不會擔心對自己的子女所造成的影響。事實上，誰做得比較好？怎麼做較好？有這種疑惑是人之常情。

你覺得自己總是做了不該做的？別洩氣。你已經買了這本書。因此，你希望學會尊重孩子和你自己，學會聆聽你和孩子的情緒。總之，這些都是很新的觀念。

讓我們回憶一下。不久前，我們還能用教鞭打小孩，或是把他丟在黑暗的小房間裡好幾個小時，不皺一下眉頭。沒有人覺得有必要批評那些威脅、體罰或情感疏遠的行為，認為必須要「教訓」這些小惡魔，教他們學好規矩。所有的體罰都被允許，孩子不能說半句話，因為對他們施以這些懲罰都是「為他們好」。僅僅兩個世代前，孩子只有義務。所有權利都在父母這邊（包含了婚姻、生或死的權利）。事實上，我們將會做得比我們的父母好，而我們的孩子會做得比我們更好。這是演化的意義。

如果你因為自己對小孩的某個態度而愧疚？請看看你從哪裡來，還有你在童年時遭受了什麼！這能讓你正確地看待事情。你的愧疚感對小孩沒有任何幫助。最好選擇責任感！父母這份工作真的很困難，佛洛伊德認為是不可能的任務，因為它讓我們正視自己，正視我們的極限，正視我們尚未痊癒的傷，也因為孩子必然會指責我們一些事情。為了成長，為了感到與我們不同，為了與我們分離，他們需要這麼做。

再來，當你想評價自己是不好的父母時，請思考一下，在這個職位上，你究竟收到多少幫助和支持？有足夠的祖父母、叔叔阿姨、奶媽、保母、幫忙家務換宿的年輕女孩、乾爸乾媽或友人來輔助或接力嗎？照顧嬰兒是日以繼夜的待命，只有一個人是做不來的。當重責大任只落在父母其中一方，如果他又是孤立的，期待他能滿足小寶寶大量的需求是不切實際的。

所以，別把標準設得太高，請對自己寬容，最重要的是，**要表達自己的情緒和需求**。

聆聽你的孩子，允許他釋放壓力，提供他發洩情緒的空間，**他將會因為生命中的各種難題而更加茁壯**。

我希望你能在本書中找到讓家庭生活更幸福的辦法。總之，這是指引我寫作本書的意向。

祝你閱讀愉快。

PART 1

我們能培養孩子的EQ嗎？

懷第一胎時，我許願孩子乖巧但不屈從，堅定且能與他人自在相處但不跋扈，勇敢且積極主動，但不自大或憤世嫉俗，面對自己和與人相處時都能快樂，擁有心的智慧。

1 心的智慧

心的智慧是解決生命中各種問題的能力，問題可能來自他人、突發的考驗、痛苦或疾病的出現、死亡的影響。想充分發揮心的智慧，需要能正確掌控穿插在日常生活中的恐懼、憤怒與悲傷。

心的智慧讓我們能面對人的問題，讓我們進步，賦予生命意義，緩和與他人的關係，以勇氣和智慧面對每天的困難。它幫助我們堅持計畫，找到自己的道路與實現自我。在日常生活中與生命的重大震盪中，心的智慧都很重要。

人際關係的智慧當然與心的智慧有強烈的關聯，但在此，我選擇將它們分開。我會在另一本書中討論建立與維持連結、愛、結合與分離、瞭解他人與解決衝突的能力。在本書中，我會專注於ＥＱ（情緒商數，情商）這部分。

尊重孩子的情緒，是允許他能感覺自己是誰，能意識到此時此地的自己。這是把他放在主體的位置上。這是允許他能與我們不同。這是把他視作一個人而不是一件物品，讓他可以用自己非常獨特的方法去回答「我是誰？」這個問題。這也是幫助他自我實現，讓他能從與「昨日」和「明日」的關係中察覺自己的「今日」，能意識到自己的潛力、長處與不足，能意識到自己在一條路上——「他」的路上——前進。

孩子主要經由父母來學習。孩子的ＥＱ發展取決於父母對孩子的教養態度。孩子會仿效父母。比起追隨建議，他更容易本能地追隨榜樣！

無意識的訊息和有意識的行為或言語一樣有力，甚至更強勁。

幫助孩子發展ＥＱ也使我們必須培養自己的ＥＱ。幫助孩子成長就是自我成長。孩子映照出我們的真實內在，讓我們面對自己的極限，並教我們如何去愛。只要我們願意聆聽他們，他們是優秀的心靈導師。

擁有心的智慧是懂得愛，懂得透過人生的試煉來建構自我。

2 相信自己

瑪歌那時大概十四個月大，她總是在夜裡醒來。我累壞了，因此去看了一位宣稱專長兒童精神醫學的小兒科醫師。幾分鐘內，她就猛然做出判決。她宣告：「就是因為這樣！」因為我的女兒在我餵母奶時睡著了。據她所言，這就是我們所有麻煩的起因。她做出診斷，說我只能接受這個事實，而我的經歷、我女兒的經歷、我伴侶的經歷，她一點都不在乎。造成問題的是哺乳！她的推論令人無法反駁：我的女兒在我餵母奶時入睡，之後我再把她抱到她的床上。當她醒來時，我的乳房已經不在那裡了，她不瞭解所以才會哭了起來。

醫師的解決方法自然而然地出現了（沒有經過任何思考，讀者們應該已經瞭解了）：我應該取消夜晚的餵奶，瑪歌應該要「自己一個人」入睡。她一定會哭，但是要任由她哭。醫師跟我保證，最多三、四天後，她就不會再哭了……

瑪歌，對不起，請你原諒我。我現在好後悔聽了那個女人的話。我就那樣任由你哭泣。你自己一個人在房間裡哭了漫無止境的四十分鐘，最後，你在爸爸的懷中睡著了。那一晚，你每兩小時就醒來一次。哎，因為已經被那位小兒科醫師指責，我在第二天、第三天又重蹈覆轍。四天之後，你還是一樣大哭著要晚上的餵奶，而且，你在夜裡醒來的次數當然又更多了。所以我拋棄了專家的意見，聆聽你。我給了你所要求的和你需要的——接觸、母奶、親近、親餵。我們重新安置你的床，把它放在我們床的旁邊。你開心地在喝奶時睡著。因為安心，你睡得更好了。

事實上，在此之後，根據自己的大量閱讀與一位有智慧的心理分析師幫助，我瞭解到你沒有任何睡眠問題。你在兩段深層睡眠期之間活動，並沒有完全醒來，而是試著重新找到你的安全界限、你的依據，也就是我的味道和乳房。只有當你感覺我不在你身邊時，你才會真的醒來且哭泣。小兒科醫師的推斷並沒錯，你在找乳房。錯誤的是她的解決方法。其實我只需要在夜裡把你留在我身邊，放在我旁邊的另一張床上就好！

許多父母會帶著小寶寶跟自己睡在同一張床上。他們不敢把這件事大聲說出來，常常因此感到愧疚。他們已經吸收了「這樣不好」的觀念，害怕這會擾亂孩子往後的性生活，或者會以某種方式妨礙孩子正常發展。

在世界上大部分國家中，並不存在「寶寶自己過夜」的說法。只要還在哺乳期，寶寶都會跟媽媽一起睡，一直到兩歲、甚至三歲為止。有些專家還主張床是父母的私密空間。有點創意吧，不是只有在床上才能做愛！

當然不應該因為孩子而讓父母彼此疏遠，但在床上睡覺的寶寶沒有這種能力！如果父母因為晚上有寶寶在而疏遠彼此，那完全不是孩子的錯。如果太太用有孩子在來拒絕做愛，那只是藉口；等到小嬰兒不在的時候，她會找到別的藉口。

父母以孩子當藉口是很不妥的；不正常地利用寶寶的存在來疏遠伴侶或滿足情感確認的需求是有問題的，但母親的照顧本身沒有問題。

寶寶在床上會佔位置。其實為了讓大家都舒服，在父母的床邊並列一張小床就能解決許多問題。

強迫嬰兒在沒有父母呼吸聲和媽媽味道的環境中入睡，是一種以大人的安寧為名，對嬰兒施加的暴力。過早的分離不會帶來自主，而會導致被遺棄的恐懼與對人際關係的依賴。自主是在安全感上發展出來的。我們難道不該質疑，在我們的社會中，被遺棄的恐懼為何如此普遍？

所幸，如今的兒童文學已經超越了禁忌，給了父母新的許可。在許多童書中，小熊不願意自己睡，最後是蜷縮在熊媽媽或熊爸爸身旁過夜。

小兒科醫師不可能比媽媽更瞭解狀況。他們學了理論，但你的寶寶不是抽象概念。他不是理論性的，他是真實的。理論能打開視野，但它們也要能幫助我們更善於聆聽孩子，而不是要他們噤聲或屈服。

醫生、心理醫師、有名的專家或你婆婆想怪罪你？離開！只要聽那些幫助你聽

見孩子聲音的人就好。

我之所以強調，是因為媽媽特別脆弱，尤其是面對第一個孩子時，但面對之後的孩子也一樣，因為沒有一個孩子是另一個孩子的複製品。大多數的媽媽都想做好，她們覺得要對自己帶到世界上的這個小生命負責。面對嬰兒大量的需求，她們很容易感到無能為力，可能會因為手中的小小生命而惶恐。她們面對一份新的責任、一項新的職業，而所受的培訓只有自己接受過的教養。她們因此成了各種說教者容易得手的獵物。教養是一個敏感，甚至非常敏感的主題，往往會引發激烈的情緒。爭議令人發怒，也讓家人分裂。

我們必須同時考慮到母親的脆弱及討論的激烈程度，鼓勵母親在孩子出生之前，就讓自己身邊圍繞著正向、能幫助她，並準備好聆聽她面對寶寶時的真實狀況的人，而不是聽從自己意識形態的人。

當我們因為服從別人的想法而去做某一件事時，我們可能會做錯。請你問自己這個問題：**「我覺得這是對的，或是不對的？」**如果你覺得是對的，就去做。如果覺得不對，不要做！

相信自己，聆聽你的心，也要信任你的孩子，聆聽他透過哭叫，還有行為、態度，甚至困擾來告訴你的事。他不知道該如何用語言告訴你的，他會用症狀來表達。別慌張，那是一種語言，他在對你——他的母親或父親——說話，你可以學著溝通。

沒錯，兒童的語言未必總是容易解析。如果說在他的哭聲或症狀背後總帶有苦惱，那卻不容易被聽見。苦惱可能來自遠處，無論是他自己過去的經歷或先人的經歷。事實上，孩子常常是父母（或祖父母）潛意識的鏡子——想更瞭解這件事需要心理治療師的協助。他的角色是讓你的內心活動起來，指點你找出這些困難的源頭所應追隨的道路，幫助你說出自己的經歷，好從中發覺可能在你的潛意識或孩子的潛意識中作用的情緒糾結。他會聆聽你並照亮你心中的道路，但找到答案的將會是你自己。

尋求調解者而不是諮詢者的幫助；也不要接受不容置喙的意見和倉促的定義。他人的信念不會幫助到你。**你會在與孩子的對話中，靠著一邊摸索，一邊實驗，找到解決辦法。**每一段關係都是獨一無二的創作！

PART 2

問自己七個問題來回應（幾乎）所有的狀況

一位記者問法蘭斯瓦茲．多托[2]：

「您對自己的孩子曾有教養的問題嗎？」

「有，每個孩子在瞭解世界上發生了什麼時，都會遇到困難，因為他們會以奇妙的方法去解讀。在我的孩子五歲前，我的一項日常功課就是瞭解孩子的腦袋裡在想什麼。」

希望這位偉大的女士與教養學醫生的回答，能讓我們謙卑一點！法蘭斯瓦茲．多托曾經聆聽、指引和幫助過成千上萬的孩子與父母。她擁有驚人的直覺、深厚的智慧和對心理機制廣博的認識。然而，面對她的孩子時，她的問題比答案更多。其實每個孩子都是獨一無二的個體，並以他的特點質問著我們。而我們在無形中，常會根據既定的教養規則，運用一貫的答案否認了孩子個體的主體性。在面對孩子時，我們可以借由對自己的提問，來展現我們想要回應孩子個體的渴望。

但是，要提哪些問題呢？

1 他經歷了什麼？

孩子是人，他有自己的想法、情緒、幻想和心像[3]。

面對幼兒情感的強烈程度，父母可能會感到手足無措，他們是那麼的敏感。只要一點點小事（在大人看來）就足以讓小臉皺起，開始嚎啕大哭。最輕微的失落感都可能引發強烈的憤怒。

孩子尚在發育中的大腦，還無法提供他那些之後能讓他控制激動情緒的心理工具。年幼的他還不懂得假設、邏輯推斷、轉移自己的觀點中心、保持距離或設想未來。他處在此時此地，他的思考方式有自己的邏輯，是自我中心且神奇的。他的思考是「前邏輯」的[4]。

2. 法蘭斯瓦茲．多托（Françoise Dolto，1908-1988）是法國著名的心理分析學家，特別重視兒童心理學。
3. Image mentale 指的是人的長期記憶中具備大量感（知）覺訊息內容的記憶形態。
4. 前邏輯，是建立邏輯思維之前的過程。

幼兒會被自己情緒反應的即刻性所束縛，無法透過思考的媒介來正確看待事情或區分利害輕重。他很容易被自己的情感淹沒，因此需要我們來幫他找到出口。

另一方面，他會很自然地想賦予自己的經歷意義。他會以他僅有的方法這麼做。**他會以自己的方式，依據他擁有的資訊來組織與詮釋他的感知，**而這些資訊常常是不完整的，有時甚至是扭曲的。這可能會產生令父母不解的情緒。

阿諾有攻擊性，他會為了「雞毛蒜皮的小事」而勃然大怒。他的父母離異了。他在腦海中告訴自己：「『爸爸走了』等於『他不愛我』，因為我是壞小孩。」

蓓乃狄珂很憂傷，她不參與課堂活動，不和其他小朋友一起玩。她找不到自己的位置，覺得自己在哪裡都是多餘的。她的父母常常吵架。她告訴自己：「爸爸媽媽因為我而生氣，如果我不存在的話，他們就不會吵架了。都是我的錯。」

至於卡米，他告訴自己：「我的父母因為我才會分開。在我出生之前，他們彼此相愛，我死了會比較好。」他得了快速惡化的嚴重白血病，這讓他的父母在醫院的病床旁團聚了！

丹尼害怕其他人。他的父母從不邀請客人，很少外出，並且總是封閉在家裡。看見這樣的狀況，丹尼做出了結論：「世界是危險的，人們是惡毒的。」

這些結論形成了對自己、對父母與對生活的信念。這些信念將會指引他的行為。孩子看到、聽到、感受到的，可能會在他的腦袋裡形成驚人的結。這些結可能或多或少會深深地傷害他，甚至會妨礙他在某個特定領域上的演進。

孩子以自己的眼睛看世界。請避免評價他的反應。請先聆聽，試著辨認出他正在經歷什麼、他如何連結事情、他感受到什麼和他在想什麼。

他怕蝸牛？在他的想法中，蝸牛代表什麼？

一位客戶在研習中學到了這種聆聽的態度後，向我報告了她與一個小男孩的經歷：艾田在哭，因為氣球在他手中破掉了。憑著她學到的，蘇菲克制自己不要太快用「沒關係，我再幫你買一個」來安慰他。她傾身向他，並問他：

「對你來說，這個氣球是什麼？」

很令蘇菲震驚地，小艾田抬起頭看向她，在哭泣中向她吐露：

「什麼都會死！我的爺爺，他上禮拜死掉了。」

而我們大人卻認為失去一個氣球沒什麼大不了的！如果像我們常會做的那樣，低估、不重視這件事，沒有多加思考，蘇菲就會忽略了嚴重的悲痛。僅僅因為她選擇了聆聽，艾田的悲傷就得已被聽見。

當然，不是每個見到氣球在手中爆炸的孩子都剛剛失去了祖父。但基本的質疑依然存在。父母只看到氣球和買氣球的那一點錢。但孩子剛才手上有氣球，而突然間，只剩下一小塊橡膠在他的手指間！總之，這種轉變是很令人震驚的！它也帶來關於孩子能力和可能的罪惡感的問題，特別是當父母還說了：「看吧，我明明告訴過你要小心！」

我們無法衡量孩子腦海中發生的事。不要低估他們的感受。一項被我們忽略的細節，在他的眼裡可能是最重要的。

如何聆聽他，並幫助他解開情感的結？

讓他表達自己的情緒，在他宣洩眼淚、喊叫、顫抖時陪伴他，而不要試著讓他平靜下來。**哭泣、喊叫、顫抖都是他在訴說痛苦、釋放壓力和自我恢復的方法**。請信任他的能力，他知道什麼對他是好的。如果你懂得留在那裡，聆聽並陪伴他流淚，在情緒爆發後，隨之而來的就是放鬆、信任和身體的舒適。

一個小嬰兒會因為他有所需求或是他想表達什麼而哭，但請先確定他的需求已被滿足。如果他繼續哭，聽他哭就好。他在向你吐露他的壓力。或許他在告訴你，在分娩過程中他有多害怕，喝奶時間到了你卻不在他有多生氣；或許他在訴說覺得沒被爸爸接受的不安；或許他在訴說自己因為祖父過世造成的家庭高壓氣氛而痛苦。他感受到許多事情。為了不讓這些累積在體內，他需要把它們哭出來。

到他稍微長大會說話時，依然要先聆聽他的情緒，並請**認真對待他**。別問他「為什麼」哭。他會試著給你一個理性的解釋，這有時與他遇到的困難相去甚遠。最好是陪伴他的感受，問他「怎麼了？」或是「什麼事情讓你難過？」甚至是「你在害怕什麼？」

對大人而言，他的思考方式可能顯得沒有邏輯，事實上，他是前邏輯的，但他對此深信不疑。需要我們的陪伴，他曲折的思考過程才能幫助他，提供他欠缺的資訊，以另一個觀點來闡明狀況。

茱麗葉在上幼兒園，她是班上的邊緣人。是什麼原因讓其他人對她如此有攻擊性又輕視她？要他們對她好一點是沒用的。行為就是症狀，它有原因。讓我們來找出原因。

老師開始聆聽，發現茱麗葉常常被一個瞧不起她的人侮辱：

「你連爸爸都沒有！」

對不到六個月前剛剛失去父親的茱麗葉來說，這句話特別粗暴。老師想起了第一天的自我介紹，這位小女孩直接地告訴其他人：

「我叫茱麗葉，我爸爸死掉了。」

「你騙人！」馬修馬上回嘴。

對馬修和其他孩子而言，爸爸是不可能死掉的。請試想，這其實代表著他們的爸爸也可能會死，這對孩子們來說是難以想像的！而這個大喊著如此恐怖之事的女生又遭遇了什麼？這個對他們提出這樣荒謬之事的壞人是誰？竟讓她不得不接受這樣的懲罰、痛苦，並摧毀了她。

老師讓孩子們發言，她探索了他們迂迴曲折的思考過程，並與他們一起釐清了幾點，像是這位爸爸過世的真正原因、他的疾病、傳染等。小朋友需要確定地知道，和茱麗葉來往不會讓他們自己的爸爸死掉。有一位過世的爸爸是不會傳染的！讓他們恐慌的就是這個想法，這也是他們想透過排擠茱麗葉來對抗的。

面對孩子某種強烈的情緒，你感到驚慌失措嗎？你不明白是什麼觸發了如此的反應嗎？你不知道如何幫助他度過考驗嗎？聆聽他，把自己放到他的高度，用他的眼睛來看，用他的耳朵來聽，然後，問你自己這個問題：

他經歷了什麼？

2 他在說什麼？

費德利克的導師剛剛因為性侵未成年人而入獄。這位小男孩有長達四個月的時間遭到他的侵犯，他的媽媽很驚訝孩子什麼都沒對她說，但是在心理醫師的鼓勵下，她回想起：

「對，沒錯，他說過『我肚子痛，我不想去學校。』我把這些話當作是任性，是他為了不去學校而裝病。而且他的導師X老師人又那麼好。」

沒錯，戀童癖者通常人都很好！費德利克沒辦法跟媽媽談，因為她不聽他說。她不重視他的拒絕，把他當成裝病的人來貶低他，甚至說他的老師人很好來怪罪他！她因為不認為孩子拒絕上學有其意義而否定了自己孩子的需求。

在父母所謂的「任性」背後，在一項怪異、偏差、誇張，或就只是不平常的行為背後，我們要尋找情緒，尋找需求，知道孩子正在說些什麼。

孩子之所以不想去上學，是因為他有好理由。他的導師當然未必是戀童癖，但或許是他的朋友蘇榮不跟他說話了，也或許是他害怕那個會在下課時間來找他的國二男生，或許他害怕他的導師，害怕交一項作業，或害怕在朋友面前，因為穿運動短褲而顯得可笑。或許他聽不懂老師在說什麼，或者，沒那麼嚴重，他只是覺得無聊……他需要你，需要你的傾聽，需要你關心他的感受，或許也需要你的保護或你的幫助來解決問題。

所有誇張的行為，特別是慣性的誇張行為，無論是攻擊性或極度被動、過分依賴母親，或太過嫉妒、無法專心、經常與你作對，這一切都有動機。有情緒堵住了，有需求隱藏了。

再說一次，不要問孩子他「為什麼」做了某件事，通常，他對此一無所知。他的深層動機很可能是無意識的。如果你問他為什麼，他可能會覺得需要回答，他會因此建構出一個說得過去的理由。他很可能會找到一個這樣的理由，但那鮮少會是對的理由。

嬰兒無法用詞語表達事情。他的主要語言是哭喊。漸漸地，他會學著講話，但**對於他還不會用詞語來說的事，他會繼續用喊叫、生氣、哭泣，以及各種「突出的行為」，與其他拒絕合作的方式來說。**要清楚說出在自己身上發生的事並沒有那麼容易。孩子未必能理解發生在他身上的事。他覺得這些事是禁止談論的，他害怕父母的反應、父母的怒氣，他害怕會讓父母痛苦。

父母很容易會把這些他們不知該如何解釋的哭喊當成「任性」或「鬧劇」。當孩子未被聽見，當他的訴求被簡化為這些貶低的字眼時，對孩子來說是很糟糕的。任性並不存在，那是一種語言，當中有需要解讀的訊息。

的確，要掌握孩子的訊息未必總是容易的，因為他們組織思緒的方法與我們不同。但我覺得我們都曾經是孩子，只要一點點的努力，應該能回想起我們曾經有過的感受，與我們如何傳達這些感受。

不去聆聽哭喊或拒絕的行為，不把這些當作語言來尊重，不試圖去理解它們的意義，拒絕聽見它們或輕視它們——「他總是在這個時間哭」、「他就是這樣、他很笨拙」，會讓孩子封閉在自己的內心世界中。他提出了請求，尋求了協助，表現了需求，但他沒被聽見，他只能以出現「症狀」這方式來讓自己被聽見。

反覆的耳炎、濕疹、過敏、拒絕吃飯、尿床，長大一點後的學習困難、攻擊性等等，這些都是呼喚的訊息。為了讓自己終於能被聽見，孩子已經準備好犧牲自己的成長與身心健康。

話雖如此，孩子的各種行為並不盡然都是訊息。不要緊張地試著想解析一切，不要執拗地尋找他每個動作背後的意義。所有事情過猶不及。

要怎麼知道他是否藉著某種態度、某項疾病、某個意外或學業上的問題來表達什麼呢？請聆聽他。

當這種行為反覆出現，當即使經過治療，但症狀依然持續或再次出現時，你就能確定有訊息存在。

也不要因為忽略了孩子的一道訊息而受到打擊。只要他的問題沒有解決，它就會以各種不同方式，變化成不同症狀反覆出現，直到激起回應為止。

當某個行為令你驚訝，讓你生氣，引起你的注意；當你的兒女表現出令你覺得過度的情緒，一貫的反對或變化的症狀——在它們變得令人擔憂前，請先問自己這個問題：

他在說什麼？

3 我想向他傳達什麼訊息？

所以，要注意別把一切都當成是潛意識的訊息！在牆上寫字，在你的行事曆上塗色，剪窗簾來做新娘禮服，或是在他房間新的地毯上畫出足球場，未必都是帶有訊息的行為。這些是很自然的探索。如果這些行為毀損了場地、父母的財物，這未必是他們的本意。一切都取決於程度和年齡。

你三歲的女兒剪斷了你的一條項鍊？八歲的孩子做了一樣的事？很顯然的，兩者的意義不同。前者在探索她能用新的剪刀剪什麼。她還沒真正理解到一項行動可能會是不可逆的，而且認為這反正並不嚴重，因為「爸爸會修好」。後者則不同，那很可能是一種懲罰行為。她很可能在表達對你、你的伴侶、她的兄弟或某位老師的憤怒。不過，如果她從中變出一件洋裝，別破壞她浮現的才華，她很可能是未來的大設計師！讓人用自己最愛的顏色——粉紅色——特製高爾夫球、汽車與周遭所有物品的日本女富豪就是這樣開始的。還是小女孩時，她甚至用家裡的窗簾裁剪出自己最早的洋裝！

尤里斯非常仔細地在全新的美麗綠色地毯上畫出了超棒的足球場。它非常美！他不知道自己不能這麼做，這是他的房間！他的媽媽看出了他的才能，並稱讚了他的創意，但他的爸爸吼了他，要他馬上清乾淨。說實話，這位父親可能會樂意花大錢買一塊印有足球場的地毯，但他卻受不了自己的兒子畫出足球場。在他的想法中，那「損壞了」地毯，他甚至沒有花半點時間來查看客觀的結果。

我們對於孩子創作的態度將會影響他對自己的信心。你想向他傳達什麼訊息？

「你很有創意，你有獨特的想法。如果你能找到一種適合的材料來盡情發揮創意，那會很有意思。」

還是：

「你瘋了，你知道自己在做什麼嗎？搞得髒兮兮的！」

收到第一種訊息的孩子因為對自己的能力有信心，會去尋找能展現創意的載體。聽到第二種訊息的孩子，因為被當成瘋子和頭腦不清楚，將會一直這樣下去，也會想要報復，而且或許不是報復在地毯上。請小心貴重的花瓶和爸爸的展示櫃中易碎的小紀念品！再不然，他將靠著貶低自我來摧毀自己。

你想灌輸他尊重物品的觀念？那也請尊重他的表達需求。

當我看見書房的牆上出現了幾道色筆的痕跡，我先是生氣，之後又再次告知孩子禁令：「畫圖要畫在紙上，不是畫在牆上！」然而塗鴉繼續出現，所以我交付兩個孩子分別完成一幅畫來裝飾牆壁的任務。他們專注在分配到的三十平方公分上，這個角落變得很美麗，而雜亂無章的色筆攻擊也停止了。

我要維持不准在牆上塗鴉的規定並不容易。我姊姊是畫家，她在樓梯間的牆上畫了精彩的水彩畫。為什麼她能畫，但孩子們卻不行？在孩子眼裡，這太不公平了。讓他們有自己的空間使他們被重視。感到滿意之後，他們就不再需要在牆上留下記號了。

關於我們的每個反應，我們都可以在愛的訊息（「我愛你，你真能幹」）和毀滅性的訊息（「你真沒用，你一文不值」）之間做選擇。

共同陣線？

孩子有一對父母。因此，理論上來說，他有兩倍的機會接收到正面的訊息。可惜的是，有時候父母決定「達成共識」，而通常是配合壓迫的一方。許多父母相信，在孩子面前必須展現出共同陣線。陣線？我們已經進入衝突、權力之爭的態勢中了。不，孩子尋找的並不是父母之間的破口。他們尋找的是真相。他們尋找的是能過得幸福，實現自我。他們未必會去「利用」父母之間的分歧。而且，當父母一方激烈地說出有毒的訊息時，另一方可以提供解藥。孩子知道什麼是對的，什麼不是。當父母一方屈從於對方的態度，因而採取了與自己價值觀相反的舉動時，對孩子來說是更不一致的。

你的伴侶羞辱或傷害了孩子？請勇於說出你的想法、你的感受。**請勇於站在孩子那邊，見證他的痛苦，捍衛他。**他會知道自己能信任你。相反的，如果你什麼都不說，或者支持你的另一半，你就背叛了孩子，他會失去對你的信任。

同樣的，當太誇張的是你，請接受你的另一半為孩子辯護。沒有人是完美的，每個人都有犯錯、未經思考就說話，或者因為疲憊、惱怒或自身的兒時經驗浮現而「短路」的時候。你在孩子眼中的形象不會因此留下汙點，因為他需要的並不是形象，而是一個真真實實、在他面前的人。在承認你的錯誤時，你也在教他做同樣的事。

父母是人，他們未必同意彼此的看法，讓孩子經歷這件事是很重要的。為什麼要強加對世界和生活的單一觀點？知道有許多觀點共存是更充實的！如此一來，我們可以討論、交流和解決衝突。

所以，不要有共同陣線，但也不要比較或競爭誰是最好的父母，或是把其他衝突轉移到子女教養的領域！

伴侶在展現彼此的差異時，需要對彼此有高度的尊重，藉此讓孩子看到，就算想法未必總是一致，也能一起生活與相愛。

孩子在聆聽與觀察我們

我們的每個行為——不僅是對孩子的行為，或是對所有人和所有狀況的行為——都是在向孩子傳達訊息。

看看你的生活與你的處世之道。那些你想教給孩子的處世方式，你自己是怎麼做的？你是否有時會為了自己的方便而說謊、掩蓋或扭曲事實？你遵守規則、法律嗎？你會闖紅燈和行人穿越道嗎？

更廣泛來說，你表現出多少喜悅，多少愛與生活的幸福呢？你留在不適合你的公司、職業或婚姻中嗎？你又向孩子傳達了什麼關於工作、自由、過生活的方式、個人自我實現和愛的訊息呢？

為了指引自己對人生的選擇，以及對孩子的態度，請問問自己：

我想向他傳達什麼訊息？

4 我為什麼這麼說？

「瑪歌、阿德里安，我們要走了。」我在車子旁，而孩子們正在撿拾人行道上的栗子。他們裝作沒聽見我的話，繼續尋找：

「你看那裡，那一顆是我的！」

「嘿，我放了一顆在你的口袋。」

我開始感覺到怒氣上升，我問了自己這個問題：「我到底為什麼那麼想要他們馬上上車？」因為我決定好要這麼做？我的理由是什麼？那是星期天，我自己一個人帶他們，我決定把這美好的一天全都留給他們。沒錯，中午了，但他們似乎沒有因為肚子餓而難受。所以，急什麼呢？在人行道上撿栗子、去小公園玩或是坐一次旋轉木馬有什麼差別？為什麼不讓他們繼續在人行道上享受這份樂趣呢？而且，這又不花半毛錢！最後，我們又花了二十幾分鐘在撿拾明亮光滑的漂亮栗子。

我確定你一定遭遇過這類情況。我們常常會不加思索地反應。如果我們更常問自己以下的問題會比較好：

「為什麼？是什麼讓我答應或拒絕對孩子的請求？是什麼在主導我的態度？」

當瑪歌第一次想在前菜吃冰淇淋時，我聽見自己說：「不行，冰淇淋是甜點，是最後吃的。」當警覺到這是個未經思索的回答時，我問了自己：「我為什麼這麼說？」真正科學地思考問題後，我回想起營養學和胃的運作。甜食促使胰島素分泌，替消化做準備。我們之所以在飯後吃甜食，是因為我們還想吃東西，但我們已經不餓了。為了還能吞下食物，我們必須欺騙我們的身體。這是一種文化習俗，是一種對我們大部分的人來說愉快的習慣。但思考過後，這並不太健康。所以，我給了女兒冰淇淋。接下來，她很順利地吃完了那一餐。在那之後，她有時會在吃麵條或青豆前吃水果、冰淇淋或蛋糕，但隨著她漸漸長大，開始自然而然地遵照身邊所見的習俗後，這種情形越來越少見。她有時會想在正餐當中吃甜點，甚至在每道菜之間穿插一口蛋糕或橘子。既然她什麼都吃，而且整體來說，一整個禮拜都吃得很均衡，為什麼要禁止她？更何況科學也站在她那邊（除了橘子是酸的，不一定能和諧地融入其他餐點之外）。

是健康或是社會習俗在主導我的態度？作為父母，我必須為孩子的健康負責，但也須為他們的社會化負責。我們可以向孩子解釋那是社會習俗，是文化習慣，但重要的是不要混淆這兩個議題，例如，又一邊強硬地告訴孩子在飯前吃甜點有害健康。

孩子只吃冰淇淋當然不健康。如果冰淇淋太豐盛，孩子可能不會想再吃蔬菜。所以，請不要以為我在建議你讓孩子在主餐前吃點心！

父母在同意孩子獨特的請求時，常會擔心這會變成他們所謂的「任性」。**任性是父母的發明，它們在父母於權力之爭遇到困難時出現。**當瑪歌在飯前向我要冰淇淋時，那不是任性，而是探索。我可能會反對這個主意，因而進入了權力之爭，她很可能也會透過固守自己的立場來回應這項競爭。我認為權力之爭是由父母，而不是孩子起頭的。最好的證據就是，有人說如果你任由嬰兒擺布，你很可能會被他控制！然而他是完全依賴你的，也全然沒有這樣的心智能力。

你的行為受到你的教養、你已經不清楚源頭的無意識行為，或顯而易見的事實所支配？還是受理性支配？我這裡所指的理性不是你父母或家庭醫生的成見，而是你根據可靠資訊所做的理性思考。

沒錯，我們需要從廣告呈現的錯誤資訊中找出自己的路。

一位母親告訴我她是多麼努力跟兒子奮戰，才讓他願意每天吃優格。受廣告所害，她由衷相信為了孩子的發育，攝取乳製品是好的，甚至是必要的！農產加工品的遊說聲如此強烈，以至於她聽不見兒子的聲音。後來當她發現更中立，也因此更客觀的資訊後，她衡量了自己的錯誤：原來她每天規定孩子吃一份會酸化胃部的優格，所帶來的鈣質，其實明顯不如孩子愛吃的杏仁和核桃多。簡而言之，她認為健康的其實沒那麼健康！

在上一次的假期中，旅館裡的一個短暫場景讓我深感震驚。我們在自助用餐區，每個人都能自己選擇主餐，那一天有法蘭克福香腸和藍帶雞排。一位跟爸爸一起來的女孩堅持要吃香腸。爸爸拒絕了她：「媽媽說藍帶雞排就是藍帶雞排。」香腸確實不是特別營養的食物，但藍帶雞排是一塊雞排（那一次還是籠飼雞）加上一片火腿和起司，全部裹粉油炸。好，我們可以喜歡藍帶雞排，但三種如此組合起來的蛋白質在營養學上也不太站得住腳。女孩想吃的香腸沒有比較糟糕，為什麼不讓她吃呢？看見如此荒謬、如此缺乏意識的情況，我們瞠目結舌。孩子很快就接受了自己的命運，但她已經十幾歲了。她的母親支配她的生活，而且很顯然沒有太去質疑自己的規定意義何在。

我們不可能什麼都懂。但當孩子向我們提出要求時，為什麼不聆聽他們，然後問自己：

我為什麼這麼說？

5 我與孩子的需求是否相互競爭？

我們希望孩子不要「沒事」就哭，不要因為我們拒絕他某件事，或我們放肆地想替他換尿布而生氣。

我們希望孩子更合作，在我們要他穿衣服的時候就穿衣服，跟大家同時上餐桌，會自己去睡覺，會整理房間，會把外套掛在專用的掛鉤上，把鞋子並排放進鞋櫃裡。

我們希望他們安靜乖巧，不會一邊大吼大叫一邊到處跑，希望他乖乖坐在椅子上吃飯，吃得快又乾淨，並用叉子吃盤子裡的所有食物，喝水的時候不會打翻杯子，也不會在餐桌上做體積守恆的物理實驗……

我們希望我們的孩子不是孩子！

然而，他們就是孩子！當他們把全部的玩具都拿出來、在磁磚上光腳走路、天一亮就醒來要玩、竭盡全力喊出興奮叫聲、躲在衣櫃裡和在客廳相互追逐，甚至用沾滿泥巴的雨靴弄髒廚房時，他們就處在孩子的角色中。

老實說，如果孩子的行為舉止總是像個小大人一樣規矩又文明，我們在面對他們時會不會有點不自在？在帶點羨慕的短暫欽佩後，我們應該很快就會因為他們的不自然而驚恐。

不過，必須要說清楚，父母的需求和孩子的需求幾乎是對立的。大部分的父母都喜歡整齊的空間，喜歡安靜和有分寸的話語，夢想著平靜和能睡晚一點。大多數的孩子在最混亂的環境中也很自在，喜歡吵雜，一大早就起床，尤其是星期日和假日。其他日子裡，起床比較不容易！

承認吧，這種狀況必然是互相衝突的，也讓親子關係變得麻煩。一旦我們不瞭解這種落差，需求的競爭很可能會很激烈。**在這種權力競爭中**有贏家，但也有輸家。而說真的，在親子關係上，**必定有兩個輸家**。要怎麼覺得自己被一個否認你需求的人真心重視？

做父母確實是要願意暫時把自己的需求擺在一旁來滿足那些脆弱生命的需求。但這既不簡單也不容易。一位年輕媽媽絕望地告訴我，她有時感覺自己瀕臨崩潰，到了想要打人的程度。她因此深為震驚，她完全沒有預料到這種情況。當媽媽前，她認為孩子是美妙完美的生物，她一直很喜歡小孩；當媽媽之後，她驚訝地發現自己因為孩子的行為惱怒，發現自己討厭他們。

沒錯，孩子讓我們生氣、失控。所有的父母都為此所苦——除非，他們讓自己的孩子受苦。

根據孩子的年齡，夜晚會被喝奶、尿床或惡夢打斷。白天，小寶寶需要持續的關注，而大一點的孩子在吵架。我們不可能投入到一本小說中，不可能安靜地打電話給朋友或賴在床上一整個早上，甚至沒辦法安心上廁所。跟小孩一起生活真的是折磨。如果我們不承認這件事，我們肯定會累積怨恨，並會因為一點小錯，就把怨恨投射到孩子身上——「崔斯坦，你真的讓人受不了！」——甚至是「我到底做了什麼才會有像你這樣的小孩！」

做父母是一份二十四小時不間斷的全職工作。有些人因為去上班而中斷八個、十個小時，但他們回家後又要繼續這份任務。去上班讓人感到放鬆。在那裡，我們被認可、被考慮，我們處在成年人中，沒有喊叫、哭泣或吵架。我們可以稍微喘口氣。全職媽媽沒有這個可以逃避和充電的空間。沒錯，工作常常可以讓人充電，除非它不是你自己選擇的。從事自己的職業時，我們覺得自己有能力、有價值，就算只是與同事討論，我們重新補充了自信。即使工作本身不有趣，也仍然提供了與他人交流和接觸的機會。

如果我們沒有認清自己的需求，沒能滿足自身發展需要的基本元素，我們很可能難以提供孩子他們需要的。所以，**父母有義務聆聽和認清自己的需求**，而且要盡可能滿足這些需求。

如果有需求上的衝突，競爭並不是我們唯一的選擇。**長遠來說，合作永遠是更有效的解決方式**。「合作」需要每個人真心表達需求和尊重彼此的需求；承認孩子的需求，並表明你自己的需求。

在以孩子需求優先的幼兒期過後，請協商！**眾所周知要替孩子立下的「界限」，是由你的需求所設下的。**

「我想要安安靜靜吃飯，你能怎麼做來守護我的晚餐時間？」將會比：

「閉嘴，你真讓人受不了。」

更有效。

他們不想睡覺？總而言之，告知他們現在是父母自己的時間，你不會再照顧他們了。沒必要威脅、責罵或懲罰，只要保護你的需求就好。

重要的是**要休息**，以免精疲力盡；要充電，好讓自己能有心力陪伴孩子；要與伴侶**平均分配工作**，以免不知不覺地累積不滿；當另一半不能承擔自己的那份責任時，無論是因為外在因素、單純的拒絕或是離婚，**要承認自己的沮喪和憤怒**。

父母不承認自己的情緒時，很有可能會將情緒投射到孩子身上。那是讓孩子承擔與他們無關的情緒。

派翠西雅獨自把兩個孩子養大。因為擔心孩子缺少父愛，她想要「彌補」他們，因此對孩子加倍關心。她稍微思考了這個問題後，另一項事實映入眼簾：她的生命中缺少了一位男性。長久以來，她不願意識到這件事，因此把這份欠缺投射到兒子身上，給了他們加倍的補償性關注。現在，她很難讓他們變得自主。他們缺乏自信，非常依賴她。

一位母親，就算充滿關愛，仍永遠無法取代父親。那不是她的角色。孩子並不期待她來抹去欠缺，而是期待她聆聽他們的情緒，和不要排拒她自己的情緒！如果派翠西雅注意自己的需求，她會讓孩子更自由地成長。她甚至可能會遇到一個男人，與他一起重組家庭。這個男人將可以擔當父親的功能，成為她的兒子們如此需要、具平衡作用的男性成員。

聆聽自己的需求並不是自私行事，而是仔細地瞭解狀況，並試著以適當的方式回應。整體而言，這對每個人都有好處。

當我們的父母對孩子造成阻礙

如果說日常生活為我們帶來許多煩惱，我們最講究與最迫切的需求通常不是現在才產生的。**那些最難以控制的需求出自我們的童年。**它們不僅在過去未被滿足，更常常沒被當成需求，讓欠缺一直延續，而這些需求很輕易地就會開始與孩子的需求競爭，讓我們無法聽見、無法瞭解孩子的需求，並常以不適當的方式應對。

「她的抱怨讓我生氣！」瑪莉絲沒辦法對女兒溫柔，她自己的父母從來沒有抱過她。儘管她意識到自己渴望抱女兒，但阻礙太過強烈，她辦不到。當艾娃靠近她，想要一個擁抱時，她把她推開了。給出擁抱將會是看到艾娃得到擁抱，並想像小時候的自己獲得擁抱。不可能！從沒得到過擁抱令她那麼難過，她不願意再喚醒欠缺的痛苦。為了好好埋葬這一切，她寧願否認自己的需求——「我沒得到過擁抱，但我還是活得好好的」，也否認女兒的需求。因為，如果她承認艾娃需要擁抱，她應該會合理地認為所有小女孩都需要擁抱，包括小時候的她……

只要兒時的情緒依舊被壓抑，我就無法感知孩子需求的真實狀況。我會投射自己的需求，而它們一定會被放大，因為已經不滿足太久；或者，我會為了不要感受到自己的痛苦，而否認所有需求。

發現這種狀況時，可以問自己：「我真的想與我的孩子競爭嗎？」

在生產完的兩個禮拜後，娜塔麗把寶寶託付給祖母照顧，出發去滑雪！她的理由是自己需要休息，而且在這麼大的考驗後，需要找回正常狀態。她完全沒想到自己的女兒會有什麼感受。經過瞭解，發現她自己也過早與母親分開。她把痛苦、憤怒和恐懼埋藏在心裡，也讓自己初生的女兒遭受同樣的不幸，就好像在告訴她的媽媽：「你是對的。你看，我並沒有因此受苦，我對我的小孩做同樣的事。」

伊蓮娜到美國出差兩個月，把她三個月大的兒子湯姆留在法國讓保母照顧。保母的確是有證照的，但她的兒子之前從未見過她。伊蓮娜不懂為什麼自己再見到小湯姆時，他會處在那樣衰弱的狀態。他不願意吃東西，也睡不好。他抑制了自己的發育。儘管表面看不出來，但在出發去美國工作時，伊蓮娜並沒有注意到自己的需求。她回應了兒時的誘惑。她自己也曾在同樣年紀時被母親「拋棄」。

克萊兒是三個小孩的媽媽，伊夫只有兩個孩子。不過，他們兩人都常常很晚才下班回家。他們都樂於承認，在必須完成工作的藉口背後，是他們希望不要面對孩子，不要面對孩子的要求和情緒。工作確實簡單多了。他們的小孩只能用電玩和電視來自己打發時間。他們的父母因為害怕與自己童年時的情緒接觸而逃避他們。

嬰兒無法獨自滿足需求。當他依賴的大人被自己的童年束縛而不能為他效勞時，他會相當不安。為了生存，為了讓自己被接受、被愛，小小孩很快就會為了獲取照顧者的喜愛而調整自己。他們學會在沒有人來關心時不再哭泣。感受到媽媽因為他們吸奶的力量而不安時，他們甚至會學著吸慢一點。他們壓抑自己的需求和情感，變得很「乖」，成為父母的驕傲。但如此一來，他們抹除了自己的情緒，也學到他們不能信任別人，以及外在的世界基本上是有敵意的。

反之，如果父母注意到自己真正的需求，注意到伴侶關係，注意到作為男人或女人的自己；如果他們過去的傷被治癒，他們將能認出孩子的需求，並去滿足它們。

沒有一本書、一個專家能給出舉世皆通的答案。每個孩子都是一個人，與世界上的其他人不同。此外，孩子會改變。他在進化。他不會一輩子都穿同樣尺寸的鞋，不會有相同的需求。他兩歲時可能會喜歡韭蔥，到三歲時可能會討厭。我們沒有任何穩固的依據，沒有任何常態性的策略可以應用，必須不斷調整。當我們忘了自己的童年時，要面對這些並不容易。

為了能一起幸福生活，請把孩子的過分行為控制在我們可以容忍的範圍內，並且學著忍受更多。提醒自己他們依賴我們，我們是供應者。請治療我們過去的傷痛，好讓孩子可以依照自己的節奏生活。我們會因此更輕鬆愉快。

當我們因為孩子而惱怒，無法回應他們，或想要過度保護他們時，當他們表現得「太乖巧」或太過分時，問問我們自己這個問題：

我與孩子的需求是否相互競爭？

6 對我來說，什麼最珍貴？

兩歲的貝雅絕望地抽噎著。她的杯子從手中滑落，而媽媽剛剛為此吼了她。她明明不是故意的！

七歲的宇貝躲在房間裡，他讓自己盡可能不出聲。他害怕爸爸發現一張又一張黏在書桌上的紙。那不是他的錯，他只是想把被他踩壞的玩具黏好而已。他知道如果告訴爸爸，他又會得到類似這樣的說教：「如果你把東西收好，就不會發生這種事了。」所以，他寧願自己修理。但悲劇就這樣發生了……他正忙著把小卡車的各個部分湊在一起時，貓咪跳上書桌，把膠水罐打翻在紙張上！

父母太常會對孩子大發雷霆，而忘了自己該放在第一順位的是什麼。為了一個打破的花瓶、一杯灑在地上的水、一件丟在客廳的衣服、一個不見了的玩具，他們大吼、暴怒。這很可能會傷害自己的孩子。他們把花束、客廳的沙發、奶奶的花瓶看得比自己的孩子更重要。

「對我來說，什麼最珍貴？」是我們在介入處理前要問自己的第一個問題。父母是大人，擁有能抑制無意識反應和能根據價值觀與目標選擇行為模式的大腦，但孩子的大腦還做不到。

如果我回答：「對我來說，最珍貴的是孩子的愛和孩子對我的信任，或是從來不需要在他們面前感到羞愧。」我會保護這份愛和信任。

如果我的答案是：「對我來說，最珍貴的是我婆婆對我的評價、廚房的整潔或我自己的安寧。」我不會有相同的反應。我很可能會保護我作為好媽媽或好家庭主婦的形象，甚至是我的安寧。

當然，這種選擇經常是不自覺的，也因此更加有力。**你的孩子會聽到你的潛意識！對他來說，你的反應比你的話更有分量。**如果你因為打破的花瓶或他襯衫上的汙漬而發怒，羞辱他，傷害他，他會認為花瓶或襯衫比他重要。除了你在其他時刻對他低語的所有「我愛你，小寶貝」之外，他會吸收「我對媽媽來說不重要」，或是「只有我完美，只有我不做自己才會被愛」的訊息。

意識到是什麼推動我們面對孩子時的反應，能徹底改變我們的行為。

黛奧朵哈與自己的母親關係惡劣。兒時，她一直遭到母親的羞辱與輕視。現在，黛奧朵哈當了媽媽，而她的母親以令人無法忍受的方式對待外孫。她忽略哥哥，又大聲張揚自己對弟弟的偏愛。她買了一大堆禮物給他，帶他去動物園或電影院。在此之前，面對母親就無法做出反應的黛奧朵哈什麼都沒說。問了自己什麼才是對自己最珍貴的之後，她察覺到自己的行為保護了自己的母親，或者，更準確地說，保護了「母親終將愛她」的希望，但這傷害了她的孩子。然而，這簡單的自覺已經足夠；孩子的幸福比起順從母親更珍貴——於是，戴奧朵哈對母親採取了明確的立場，而母親面對她的決心，很快就停止了她毀滅性的把戲。

孩子一定會推翻父母既有的秩序，這是事物的常態。如果父母不讓孩子擾亂自己的秩序，如果他們繼續「像以前一樣過日子」，也就是有如孩子不存在一樣，完全不改變自己的生活模式，也不改變工作或外出休閒的節奏，孩子可能會得出自己不重要，甚至自己無權好好存在的結論。他可能會因此產生羞愧感（我很煩人）與自卑感（我不夠好）。

孩子需要感覺自己受到珍視，感覺自己有存在的位置，感覺自己是重要的，自己的需求與真實狀況受到關注。

「對我來說，什麼最珍貴？」

這個問題幫助過我：在我半夜被吵醒好幾次時，在我種在院子裡的牡丹被我來不及阻止的一雙腿攻擊時，在我剛在電腦中完成的工作被兩歲孩子一雙小手的不幸操作而刪除時，或者，在我感到疲累，卻發現自己還得彎腰擦地時。

不過，對我來說，最珍貴的是孩子的愛與自信，這無庸置疑。我也希望他們能信任我。因此，我的道路很明確：永遠不要傷害、欺騙、羞辱、背叛他們，或使他們感到恐懼；在各種狀況中我都會誠實，會表現出我的感受，並聆聽他們的感受，幫助他們愛自己，看重自己的能力，沒有愧疚地承擔自己的責任。

當孩子擾亂我們的空間，當我們不知如何回應，當我們感覺自己不是依照他們來行動，而是依照我們的父母或是他人的眼光時，讓我們問自己：

對我來說，什麼最珍貴？

7 我的目標是什麼？

原則上，並沒有好的路或不好的路，而是有讓我接近目的地和讓我遠離目的地的路。我會根據想去西班牙或德國而選擇不同的路。接著，會有比較直接、比較快速的路。

讓孩子自己選擇他今天早上想穿的衣服是「好」或「不好」？

同意一項請求是「好」或「不好」？

任由孩子哭泣是「好」或「不好」？

讓他晚上八點就寢是「好」或「不好」？

事實上，沒有「好」，也沒有「不好」，而是讓我們接近或遠離目標。依照孩子的成長、他的需求和你的目標，某一天你會說好，另一天你會說不好。在親子關係中，比起外人對於「好」或「不好」的建議，對父母來說，最重要的是要清楚自己的目的地：「今天，在我和孩子的親子關係中，目標是什麼？」

卡琳娜剛剛收到生日禮物，是一雙直排輪。她八歲的姊姊潔哈婷也想有一雙，而且馬上就要。媽媽蘇珊拒絕了，因為她會在潔哈婷兩個月後的生日時送她。不過，假期就快到了，如果兩姊妹都有直排輪，可以一起玩的話也不錯。但這樣一來，會使卡琳娜覺得不公平。蘇珊不知道該怎麼辦，衡量了利弊，並徵詢我的意見。我請她想一想她與潔哈婷現在的關係，並問問自己：「我的目標是什麼？」

她與大女兒的相處一直不容易。潔哈婷非常嫉妒自己的妹妹，媽媽也承認那是合理的。從一開始，與卡琳娜的關係就比較簡單；這是正常的，因為她是老二。蘇珊告訴我第一胎辛苦的生產過程和她們兩人之間的經歷：她因為沒能夠也不知道對潔哈婷表現出與之後她給妹妹一樣多的愛而痛苦。她的目標是什麼？修補！告訴潔哈婷她有多愛她，在她眼裡她有多麼重要。所以，要怎麼做？我什麼都沒說。蘇珊當天晚上就買了直排輪給女兒，也告訴女兒，她以這份禮物來證明她對她的愛和修補過去。蘇珊說出了心聲，潔哈婷聽見了訊息。對兩個人來說，這是非常感動的一刻。

另一種狀況、另一項目標則會需要另一種反應。舉世通用的答案並不存在。針對某個孩子、某位家長和他們共同經歷的某個時刻，會有一個答案。

事實上，我們的每種行為背後都包含或多或少有意識的目標。我們實際的行為也可能會違背我們有意識的目標。就像帕梅拉，她聲稱希望孩子長大，能自己思考，但每天晚上她都替他們準備好明天應該要穿的衣服。

我們的目標決定了我們的反應，也因此決定了我們的親子關係，還有些沒有意識到的目標又更是如此。意識到目標能讓我們做出選擇，和創造出我們想要的關係。

如果我的目標是有一個一塵不染的廚房，我的行為方式就會不同於：目標是要讓孩子知道，不管在什麼狀況下，他們都能信任我。

如果我的目標是要讓孩子自主，能自己思考，我的行為方式就會不同於：目標是要讓他們變得順從聽話。

如果我的目標是要讓孩子確定我對他的愛，我的行動就會不同於：目標是要幫助他成長與度過沮喪。

如果我的目標是要向老公證明我是完美、無懈可擊的太太，我的行為方式就會不同於：目標是要關心孩子的需求。

只要我擔心他人的評價（無論是真實或想像的評價），我就無法專注在孩子的真正需求上。

看重孩子的需求，把它們放在第一順位和尊重它們，並不代表「放任孩子為所欲為」，也不代表「當他弄壞或打破東西時，什麼都不說」，而是在展現我的情緒，但同時繼續深深地愛孩子，並向他表現這份愛。

我特別鍾愛另一半送我的飾有藍色小蛇圖案的美麗手工吹製玻璃杯。我不准孩子碰它。某一天，僅僅一秒鐘的不注意，就足以讓阿德里安奪走它並放掉它……杯子碎落在廚房地磚上時，我放聲大哭。我很喜歡這個杯子，但我仍然意識到我對孩子的愛及我的目標：向他們傳達我的愛是無條件的，他們可以信任我。所以，我表達了我的憤怒，但沒有指責兒子。透過我的淚眼，我看見他已經因為杯子破掉而嚇到了。看到我的反應，阿德里安哭了起來。我讓他放心，告訴他我會繼續愛他，告訴他我需要哭出來，因為我的杯子破了，我很傷心。我談論了自己，而不是他。我展現我的感受，我沒有評斷他。

在這之後，他多次提起：「有一次，我打破你的杯子，你哭了，我也哭了。」他談起這件事，他需要提起這個狀況來消化它。

每一次我都會回答：「對，我哭是因為我很喜歡那個杯子，而它被打破了，我不能再用它來喝水了。當我們因為失去了喜歡的東西傷心，哭是很正常的。」

幾個月後，阿德里安小心翼翼地把一個大玻璃杯擺在桌上：「媽媽，你看，我沒有打破喔，因為上次我打破你的杯子，你哭了。我不喜歡你哭。我也因為打破你的杯子哭了。你哭了，我也哭了。」

整體來說，阿德里安現在對觸碰到的東西更加小心。他自己說出這件事，他開始意識到對我、對別人來說，摔破或失去一件珍愛的東西可能代表著什麼。他感到內疚，但這是一種健康的罪惡感，也就是對他人經歷的關注，和對自己行為後果的自覺，並會引導他負起責任。

但如果當時我罵了他，說他笨手笨腳或吼他，他可能會在心裡覺得自己很糟糕。他可能會有羞愧感和不健康的罪惡感，也就是把為了抵禦羞辱而自然出現，卻因為「有錯」的是自己而說不出口的怒氣，發在自己身上。之後，因為接受了「笨手笨腳」或「永遠都很粗心」的定義，他注意的不會是杯子和其他物品，而是「不要笨手笨腳」。因為緊張，且專注在他可能的缺失、笨拙，而不是在他的目標——拿杯子——這件事，他必然會打破其他東西。但是，特別是如果這種狀況再次發生，他會留下自己笨拙、糟糕的想法。而當你深信自己笨手笨腳時，可能會比知道自己很靈巧更容易打破東西。你的目標是教出靈巧的孩子或笨拙的孩子？

事實上，如果你一直把孩子當成自己最珍貴的東西來保護，你的易碎物品也會更安全。**一個覺得自己受珍視的孩子也會更關心他人，更注意自己行為的後果。**他不是因為害怕做得「不好」而行動，而是懷著對他人情緒的尊重與責任感在行動。

所以，你的目標是什麼？

我的目標是什麼？

8 七個要記住的問題

1．他經歷了什麼？
2．他在說什麼？
3．我想向他傳達什麼訊息？
4．我為什麼這麼說？
5．我與孩子的需求是否相互競爭？
6．對我來說，什麼最珍貴？
7．我的目標是什麼？

PART 3

生命是動態的

聆聽孩子的情緒未必總是容易的。那些情緒讓我們動搖，威脅著我們作為「好媽媽」或「好爸爸」的感受。它們讓我們不安：「我該怎麼做？」它們讓我們的保護者角色失敗，讓我們正視自己作為供應者的職責。坦白說吧，有時，我們希望孩子不哭、不吵、不在地上打滾；我們寧願他們不要有那麼多的情緒。

只是，他們的情緒是他們最珍貴的寶物。他們的自我認同感，也就是對自身存在的感覺，就在情緒裡。

一個有模範生形象的乖孩子是安靜的，但他內心的某處已死。**生命是動態的，**但形象是靜止不動的。為了與形象相似，孩子必須扼殺自己內心的活動。情緒，E-motion，E是向外，motion是動。**情緒是生命自身的運作**，是一種從內出發，向外表達的運作，是我的生命在告訴我和我的周遭環境「我是誰」的運作。

恐懼有助於做好準備與自我保護；感傷伴隨著哀悼；喜悅是擴展，使我們充滿活力；憤怒定義了我們的界限、權力、空間和完整性，也是面對失落時的反應；愛則是讓我們與他人有了連結。

哭泣、叫喊、顫抖都是生命中不可避免的壓力的解藥。孩子的生命充滿失望、疑問、恐懼、憤怒等各種情緒。就算有人好好陪伴，所有的嬰兒都「需要」哭泣。**情緒能讓人在受傷後恢復和重建自我。**一個傷人的事件、一場意外、一項試煉或一次不公平的待遇，只有在它們引發的情緒無法盡情表達時，才會變成創傷。情緒的通暢是心理健康的保證。

情緒的聲譽不佳，但它們是有幫助的。是它們給了我們存在的自覺。

1 我是誰？一個有情緒的人

情緒是開啟自我意識之門的鑰匙。

「早安，小朋友！」

「我不是小朋友，我是阿德里安。」

兩歲兩個月大的阿德里安不喜歡別人定義他（沒錯，有點早熟）。最近幾天來，他要求別人用名字叫他。當我因為好玩，靠近他的餐盤跟他說「先生的菜已經送來了」的時候，他回應：「我不是先生，我是阿德里安。」

阿德里安「存在」著。藉著表達自己想要和不想要什麼、感覺到什麼、經歷了什麼，他在表明他的身分、個體性和自己的生命。

「我很不高興，非常憤怒，因為我在生氣。」

「我不想睡覺。」

「如果你離開，我會難過，我不想要你離開。」

「喔，媽媽，看到你我好高興！」

「**我**把鹽往嘴巴裡面倒的時候，好刺痛，**我**哭了。」

當他這麼說的時候，我們可能會想回他：

「這是當然的。」

或想告誡他：

「你去睡覺明天才會精神好。」

或向他解釋：

「你知道的，我得去上班。」

我們給出回覆，試著了結一件事，試著解決問題，卻沒聆聽孩子。事實上，他的那些話並不是在要求什麼。**他是在找機會說「我」！**

他表達感受，說出他的感覺，表現自己的內在，他在告訴自己和告訴我們他是誰、他經歷了什麼。他正在感受自己為自己存在，而我們卻跟他談起另一件事？當我們根據內容回覆他，而不是聽見他的情緒時，我們清楚地向他表達了他的感受並不重要，他的「我」微不足道。在我們理性的解釋背後，他只會聽見：感受到那些感受，是不對的。

我們的反應為何如此不敏感？我們已把自己的情緒封鎖在非常遙遠之處，我們可能寧願不去尋找它們。我們不想讓自己被感動。我們害怕被壓抑的情緒重新浮現，讓自己無法承受嗎？我們與孩子同樣年紀時，究竟經歷了什麼？因為害怕喚醒很可能太過痛苦的往事，我們最終拒絕聆聽孩子的呼喊。如此一來，我們把孩子困在與我們同樣的牢籠中。

比起這樣，如果我們追隨他們提議的方向，擺脫自己的枷鎖，留給他們存在的自由呢？

聆聽、接納、認可孩子的感受，是幫助他們作為個人來自我建構，作為個體而存在。

我是誰？我是「我」。

對自我的感受建立在對自身情緒的意識上。**我是我「感覺」存在的那個人。**如果孩子無權表達自己的感受，如果沒有人聆聽他的哭泣、憤怒和恐懼，如果沒有人認可他的感受，沒有人讓他確信自己的感受是合理的，他有權利感受他感受到的，孩子甚至可能會抹去他對自己真實感受的意識。他的內心不再有任何感覺，或者，他會體驗另一種「被允許」的情緒，而不是他真實的情緒。

當孩子無權自己去感受，他會一直是那個由父母、老師或其他人定義的人。他們告訴他他是誰，他擔當那個角色。他不再感覺自己「存在」。

大人不一定總是知道對孩子來說重要的是什麼。對我們來說，盤子上畫的是大象巴巴還是熊寶寶有什麼差別？但對一個三歲小孩來說，這幾乎是攸關存在的問題。他會因為想要的明明是大象巴巴的盤子、藍色的杯子、粉紅色的叉子、還沒融化的奶油、沒有焦痕的披薩而勃然大怒。我們可能會惱怒，因為我們在那個年紀時沒有那麼多選擇。在那一刻，那讓我們更麻煩。這些「細節」在孩子眼中相當重要，聆聽他能真正幫助他發展自己的品味與喜好。就算是在他今天喜歡蘑菇，隔天卻痛恨蘑菇的這段無法避免的時期也一樣。

透過選擇，他在尋找自我。他有偏好，也會表達出來。**他開始意識到是什麼讓他和別人不同。他在建立自我認同感。**如今，有許多大人仍無法做決定，對於該走哪條路猶豫不決，不知道自己比較喜歡披薩還是中式料理，任由別人替自己做選擇，無法確定自己清楚的自我認同！

2 「所以，我們得什麼都順著他們？」

這句話理應會讓論證破滅。它反映出對孩子情緒與需求的不瞭解。不，**尊重地聆聽情緒並不代表一味地滿足要求。**

我們去看馬戲表演，入口處販賣各式各樣的閃光棒球帽和螢光產品。瑪歌拉了一下我的手，指著一根螢光棒，跟我說：

「媽媽，你看，我想要像這樣的東西！」

「不行，我不想買這個，太貴了！」我不巧這樣回覆道。

她惱火地反駁：

「我知道你不會買給我，但我還是有想要的權利！」

沒錯，她有想要的權利！我讓自己不經思索地脫口說出一個老掉牙的回應。在陪伴孩子成長的過程中，會一直遇到失望這個問題。在試著盡可能不讓孩子失望的「縱容派」和常讓孩子失望的「權威派」之間，孩子需要的是什麼？

抵抗誘惑

在《EQ》一書中，丹尼爾．高曼（Daniel Goleman）引述了心理學家沃爾特．米歇爾（Walter Mischel）對四歲小孩進行的一項實驗。研究員向孩子提議：「你待在這個房間裡。那個盒子裡有一顆棉花糖，你可以現在吃，但就只能吃一顆。或是你等到我買菜回來，我給你兩顆糖。」

大約三分之一的孩子在實驗人員一離開後就撲向糖果。三分之二的孩子等到他回來，得到了兩顆糖。這項實驗在史丹佛大學的幼兒園進行，因此能在孩子往後的求學階段持續追蹤。

十二到十四年後，衝動行事者和其他人之間的心理與社會層面差異相當可觀。當初抵抗了誘惑的人更自信、堅定、有效率，也更能克服障礙。面對疑惑、恐懼和失敗時，他們比較堅強；他們的抗壓性更高，即使遭遇困難，也知道如何追隨自己的目標。

馬上就吃掉棉花糖的孩子心理素質比較混亂。他們比較固執、猶豫不決，避免與他人接觸，當事情不如他們之意時很容易感到不滿，也更常在遇到困難時放棄。

在中等教育階段結束時，前者的表現優秀許多。他們的成績高於同學百分之二十！懂得抵抗衝動和延宕對衝動的滿足，對於未來發展是很重要的。從四歲起，就能從孩子的表現預測他未來的能力。

吸毒者和犯罪者尤其是難以承受失望的人。他們的渴望只要遇上一點點阻礙，就像是經歷了嚴重的冒犯。

能處理失望、延宕滿足、讓未來重於現在，是獲得幸福的能力中基本的元素。它對於實現生命中的計畫及維持與他人的和諧關係都很有幫助。

孩子如何學會處理失望？

故意讓他失望注定會失敗。任嬰兒哭不管他、拒絕抱他、不給大一點的孩子擁抱或禮物，這些是過去的父母為了不「寵壞孩子」和教他們學習失望而使用的策略。然而這些方法都已被證明無效。

孩子會因此發展出一種對失望的特殊感受力，所有對於衝動的延宕滿足都會變得無法忍受。欠缺產生了焦慮，而孩子會試著用依賴（酒精、藥物、香菸、伴侶、衝動行為）來控制焦慮，他也／或會讓自己變強硬，學會否認自己的需求。

看見我依孩子的要求餵奶，回應他們的需求，拒絕讓他們獨自在房間裡哭，有些人認定我們會把孩子變成懦弱、無法處理失望的人。事實上，我發現兩個孩子都能很有效地處理失望，甚至是用以他們年紀來說相當令人訝異的方法。

一項瑞典的研究顯示了制定「糖果日」能大量減少蛀牙。孩子一星期中有一天能吃甜食，其他天則完全不能吃。我覺得這個主意很不錯，不僅能減少蛀牙，也能設下非壓抑性的甜食攝取限制，所以我向我四歲和兩歲的孩子提議。

我們選定了星期六，也告知了親朋好友。絕不能讓祖母或叔叔過度地誘惑他們。如果他們在其他日子收到糖果，我們會建議他們留到星期六吃。如果他們還是吃了，就隨他們去，他們知道我不高興。一般來說，這就足以限制他們吃太多糖果。我只會表達我不贊成，但不會處罰也不會罵他們。他們知道不必「服從」我，但這是我們之間訂下的約定。

通常，瑪歌收到糖果時會交給我「保管到星期六」。有時候，我會看到她急急忙忙地把糖果放進嘴裡，或是衝進房間把糖果藏在某個角落。跟這段重要的學習過程相比，偷吃一兩顆糖果是無關緊要的。不過，她必須覺得自己有選擇吃糖果或保留下來的自由。否則，對她來說，失望會像是外人強加給她的！

即使是兩歲半的阿德里安，也會小心地把某位保母給他的三顆糖果藏到下星期六。另一次，他也成功地在回家的車上一路留著餐廳送他的棒棒糖，而且跟姊姊一樣，在回到家後交給我保管。不過，星期六（四天後）起床時，他的第一句話是：「我要我的棒棒糖。」

需求與慾望

法蘭斯瓦茲・多托讓我們知道，過多的失望可能會讓孩子心靈受創，但失望也是必要的，且能幫助成長。我們知道孩子有慾望也有需求，也知道不能把兩者相提並論。

孩子不是「需要」紅色小汽車或金髮娃娃，他們只是「想要」。反之，他們絕對**「需要」自己的憤怒（也就是失望感受的表達）被尊重和被聽見**。很明顯地，不對一切都說「好」是重要的，發現自己遭到拒絕（合理的拒絕）有助於孩子的建構。

他因為生氣而在地上打滾？他並不是真的需要糖果，雖然他很想吃。**他需要的是表達自己的失望**。**他試著讓自己的怒氣被聽見**。對他來說這是重要的，因為他需要確定你的拒絕不代表關係破裂。你對他說不，親子關係遭遇危險，他很快就承受不了自己的強烈感受。他大吼大叫，但請觀察他，他想要打你，他在尋求接觸。如果你躲開他，他會去捶牆壁、拍打物品或在地上打滾，他需要修復親子關係。因此，請不要在他最需要接觸的時候不讓他得到接觸。

馬戲表演中場休息時，瑪歌渴望地看著在一排排座位間飄過的氣球。

「媽媽，我想要氣球！」

我其實可以拒絕她，對她說教：

「我還是不想買，這些氣球很貴！」

或是騙她：

「我沒錢了。」

或轉移她的注意力：

「把節目表讀完，讓我知道你看得懂。」

但有鑑於在馬戲團入口時她的指責，我看了氣球，我自己也覺得它們很美。我驚呼：

「我最喜歡鸚鵡氣球。啊，不對，你看，還有辛巴和牠爸爸的氣球。」

她接著說：

「我喜歡粉紅色美人魚！」

我們就這樣說出所有我們喜歡的氣球。一個就在我們旁邊的小男孩也加入遊戲：「還有米老鼠的。」我們度過了一起聊天、做夢的美好時刻，不再需要買氣球了。表達出來的慾望（想要有氣球），消失在獲得滿足的需求（需要感覺與人連結、分享某事）之前。

請不要得出任何常態性的想法。給他糖果或禮物來滿足渴望的作法本身是無害的。以他不「需要」為藉口而拒絕買任何東西給他則是不公平的。孩子可能會從中得出自己不准享有愉悅的結論，這會對他們現在與未來生活的喜悅帶來各種影響。我們可以提醒自己，給予或拒絕孩子的氣球或糖果，不只是甜食或小東西而已，而是學習人際關係的機會。別讓幾個甜食損害我們與孩子的關係！

失望在生命中是無可避免的，沒必要再去過度增加。為了尊重你自己的需求，為了保護孩子，確保他的健康，你一定會有無法滿足孩子的時候。

所以，問題是：如何陪他經歷失望？答案是：要願意聆聽他的憤怒。

3「我搞不懂他！」

訊息被轉移了

瑪歌和弟弟吵架了。他們正用玩具小人玩扮演印地安人的遊戲。她想要弟弟小心翼翼緊握在手中的灰色小馬，而不是他想給她的棕色小馬。她哭了。她非要那匹她沒辦法擁有的小馬不可。這是怎麼回事？

我把視野放大到整個狀況：瑪歌的教母坐在沙發上和瑪歌的爸爸聊天。不過，就在幾分鐘前，我上樓幫她換睡衣，她告訴我：「我只想去抱一下教母，因為我不常見到她。」我們下樓時，她的教母正在熱烈交談中。瑪歌不敢打斷她，自己開始安靜地在旁邊玩。她在等教母示意，好過去找她。示意的信號沒有出現，她覺得失望。但若要表達失望的真正源頭，就得冒著被拒絕的風險。所以，她用間接的方式說出自己的失望，她把失望轉移到小馬上。她與弟弟發生衝突，而不是與自己的教母，但訊息是清楚的：「你沒給我我想要的。」

她表達了我不願承認的事

聖誕假期結束後的開學日，露西樂哭了：「我不想去上學，我沒有朋友。」她的媽媽完全搞不懂：「有啊，你在胡說什麼？你有很多朋友。亞莉姍卓、克羅伊、紐莉雅、薩依妲、卡蜜，她們都是你的朋友，不是嗎？」

「她們不想跟我玩了。」

「沒這回事。克羅伊上禮拜三還邀請你去她家，你下禮拜要去卡蜜家。而且我到學校的時候，發現你專心地在和朋友玩遊戲。」

露西樂忍住淚水，認命地出發去上學。讓我們再次把視野放大到整個狀況上。露西樂說她沒有朋友，但是她有。或許她說的不是自己！她說「我」，是因為當她說「你」的時候，媽媽沒聽見。然而，露西樂是對的。她的媽媽瑪婷無法與人產生深刻的連結。雖然看起來非常平易近人和外向，但瑪婷不太喜歡自己。在第一次的接觸後，她喜歡保持距離，因為怕人們發現真正的她，也就是她認為的自己：一個無趣、沒什麼話好說的人。

瑪婷和露西樂一起度了假。她們一起歡笑，共度了美好時光。小女孩看見媽媽開心，脫離了她常常陷入的悲傷。她不希望因為學校開學而讓媽媽又獨自一人。

她試著告訴媽媽應該要去交朋友，但媽媽總是敷衍地回答：「我以前有朋友啊，好吧，我現在沒有了，但這就是人生。」因為無法就這樣不再多說什麼去上學，她把問題攬到自己身上，嘗試了最後一道訊息。她媽媽什麼都沒聽懂。她當然有朋友，她只是在試著告訴媽媽，她希望媽媽也有朋友！

再說一次，任性並不存在。如果你不瞭解孩子提出的事，請更進一步去探討。試著思考他可能的經歷。他正在說自己的需求嗎？他在表達不屬於他的事情嗎？

請聆聽他的訊息和擴大你的視野來掌握狀況的全貌。訊息可能是向誰傳達的？可能在說什麼？

我的寶寶無緣無故哭泣

哭與痛苦有關。事實上，如同心理學家阿樂塔・索特（Aletha Solter）博士相當清楚的說明，哭是身體為了重建而做的努力，哭是治療的過程！她告訴我們：「**哭泣是天然的修復工具。**」哭能降低血壓，排除毒素，放鬆肌肉，恢復正常呼吸。在哭過後——真的哭過後——因為深深地抽噎，我們感到放鬆和解脫。

對許多人來說，心理治療是透過表達過去壓抑的情緒來找回真正的自我。找到痛苦經驗的回憶後，我會邀請參與者把令他痛苦的事「哭出來」。嬰兒就跟所有人一樣，需要把令他痛苦的事情哭出來。

因此，哭泣的動機未必都是當下的需求，它可能只是在表達累積的壓力，或是對過往的抱怨。舉例來說，當生產過程不順利時，寶寶會需要抱怨他在恐懼或痛苦中經歷的出生經驗。這有時會發生在好幾個星期後。

嬰兒非常需要溫柔、接觸、味道和愛撫。在搖籃中待了好幾小時的寶寶會累積壓力，他會需要將這些壓力「哭出來」。

由痛苦、欠缺、失望引起的情緒無法馬上表達或未被聽見時，會烙印在身體中。當孩子一感覺到有擺脫所有壓力的機會，例如晚上媽媽回家時，他就會把握機會開始哭。他藉此說出他的痛苦，釋放內心背負的情緒。此時，他需要陪伴，需要我們尊重他的體驗，需要接觸，才能在這份情緒中接受自我，而不會覺得被毀滅所威脅。不要想讓他停止哭泣，相反地，請鼓勵哭泣，好讓孩子能感到解脫。

小兒科醫師T．貝瑞．布列茲頓（T. B. Brazelton）與索特所見略同，他也提到釋放一天當中累積的壓力的需求。根據他們所言，大部分的嬰兒平均每天至少會哭一小時。

我的小孩只要一點小事就哭

稍微大一點的孩子為了一點小事而哭，可能是在尋找能真正哭泣的方法。因為情感被困住了，他需要找到釋放它們的機會。孩子在尋求許可，尋求釋出眼淚或怒氣的藉口。即使是年紀大一點，能用言語表達的孩子，即使是大人，也都需要透過哭泣、喊叫或顫抖來釋放強烈的情緒。

然而，有些哭泣有療效，有些哭泣則會讓問題持續。沒有幫助的哭泣發自胸腔上方，也可能沒有眼淚。那是一種替代的感受，用來壓抑情緒而不是釋放情緒。釋放情感的哭泣則伴隨著抽噎和眼淚。

請將孩子溫柔但堅定地抱在懷裡，直到他釋放出被壓抑的情緒。他通常會先掙扎，隨即便開始啜泣。

夢與惡夢

五歲的瑪歌半夜跑來找我：「媽媽，我做惡夢了，我想告訴你我夢到什麼。有一隻大野狼抓了一隻山羊，牠把山羊關在籠子裡。我跟朋友想把山羊放出來，可是我們怕大野狼。我把籠子打開，山羊出來了，可是大野狼跳到我身上，咬了我的手。」

夢中的所有人物都代表了做夢者不同的部分、不同的情緒。前一天晚上，我們吵架了。她想要我用領巾在她的頭髮上打蝴蝶結。因為結果不符合她的期待，「跟朋友的不一樣！」她很生氣。她大叫，打我，想把我的文件丟到地上。

回到她的夢境。我們可以認為瑪歌有一部分的情緒（山羊）被關在籠子裡。她壓抑了自己的情緒。山羊是固執的，牠有一對角，知道自己要什麼。山羊可能是未被滿足的慾望的化身。她最終把山羊放出來了（靠著朋友的幫忙，也等同於：以領巾當藉口）。但她怕狼。狼是她的攻擊性的化身。「當她把羊放走，狼撲到她身上」就等於「當她展現情緒時，她充滿了攻擊性」。她害怕自己做的事，她把攻擊性轉向自己。打了媽媽的那隻手被狼咬了！

瑪歌三歲時，晚上不容易入睡，有時也會在半夜醒過來，因為她怕狼。我們最後發現，當她白天打了弟弟，她就會有這樣的恐慌。

打弟弟時，瑪歌覺得自己很壞。她不想覺得自己很壞，所以她把這份惡意向外投射。壞的不是她，壞的當然是狼。但是這隻壞狼讓人害怕！牠會用自己的惡意來「懲罰」小孩！

「我在生氣，但我沒權利生氣，我很壞，不對，壞的是狼，牠會懲罰我，我害怕。」

就這樣，恐懼經常是把說不出口的怒氣出在自己身上。事實上，瑪歌對於明顯佔據父母很多心力的弟弟感到生氣。她又需要父母讓她安心。

狼、怪獸、妖怪都是把這份怒氣投射到自身之外，以免個人遭受摧毀時的轉移對象。孩子醒著時，可能會害怕床下的妖怪、衣櫥裡的怪獸，或要吃掉他的狼。他也可能會在睡著後，在惡夢中見到牠們出現。

所有的惡夢都要嚴肅以對。聆聽你的孩子，試著跟他一起瞭解那些畫面代表什麼。把怪獸說出來就已經除去了牠們的威力。

怪獸可能是在現實裡或電視中看到卻不理解、沒認出來的畫面，或是因為恐懼而扭曲的陰影，或是無意識情緒的投射。請去尋找在孩子目前的日常、家庭生活中，和不遠的過去中發生了什麼。如果惡夢反覆出現，也要去看看更久遠的過去發生了什麼。

你的孩子是否在白天或是前幾天經歷了恐懼？他是否有生氣的動機？他缺了什麼嗎？他感到失望？雙親之中有一位不在？父母吵架了？他被打了？家族中是否有祕密，有我們不想要或沒想到要告訴他的事？他是否經歷了痛苦的事件，像是失去、失望、不公平或可能會造成創傷的打擊（例如住院、搬家、意外……）？

很久遠的事件也可能在幾個月，甚至幾年後重新浮上檯面。被壓抑的情緒等待著能讓它們甦醒過來的機會，它們試著在夢中再次出現，好讓自己被聽見。

除了以言語表達，畫畫也是很棒的方法。你可以建議孩子把惡夢畫出來。這能讓他保持距離，覺得自己能控制情況。畫畫是辨識，是設下界限。孩子會在畫中對抗無力感：我敢正視我的惡夢，而且我把它封在紙上，我比它更強，我能控制它。

接下來的夜晚，邀請孩子在睡前把他所有的煩惱都畫出來，「讓它們不會在夜裡來打擾他。」請注意，不要解讀他的畫。不要試著對他的畫進行「心理學解讀」，那是他和他自己的事。孩子畫出惡夢並不表示你不必去發現原因。畫畫這個技巧能在第一時間幫助孩子，但如果問題很嚴重，這顯然不足以治癒他。困住的情緒需要釋放。

如果你的孩子不想畫畫，或是你想要改變一下解決方法，可以建議他想像一個煩惱盒，他可以在腦海裡任意裝飾它。睡前，他把白天所有的煩惱都放到盒子裡，緊緊關上，隔天早上才能再打開。

你還可以給他一個小娃娃或小布偶，用它充當解憂娃娃。晚上，孩子把煩惱告訴它，它會保管煩惱一整晚。當然，隔天把盒子打開，或是從娃娃那裡拿回煩惱是很重要的，否則這些技巧無法持久。**煩惱需要被聽見**，也需要找到解決的方法。

4 情緒的壓抑

「我不怕！」馬辛為了在女朋友面前表現自己而這麼說道，但他不敢靠近她手裡的蚯蚓。

「根本就不痛。」亞歷山大告訴剛剛打了他屁股的爸爸。

「對不起。」柯琳克制住自己感受到的強烈怒氣，對弟弟這麼說。幾分鐘後，她去撞了家具。

馬辛、亞歷山大和柯琳都否認了自己的情感。他們裝出一個不是自己的人物。他們一生都會缺乏內心安全感，因為無法信任自己內心的感受。就像柯琳去撞桌子，他們會與人生的事件衝撞。

柯琳為什麼去撞桌子？這是我們日常生活中經常在作用的無意識過程。因為不得不嚥下自己真正的情緒，她深感受傷。為了抵禦這份難受，她寧願讓自己遭受另一種更物理性，也因此更「客觀」，能讓她表達痛苦的難受。當媽媽強迫她向弟弟道歉時，她沒有為羞恥感哭泣的權利；而因為撞上桌子感到疼痛，她給了自己哭泣的權利。雖然，還是可能會有人說：「你不能小心一點嗎？」

無論情感愉快與否，想法愉快與否，行為適當與否，承認自己的情緒是接受自己，是建構自信。

只要情緒被聽見、允許和討論，自我意識將隨著經驗逐漸形成。反之，當環境（例如父母、師長）一貫地否認感受，拒絕聆聽，嘲笑情緒，孩子最後會認為他的感受、想法和作為不符合父母的期待。

馬辛、亞歷山大和柯琳的父母或許會因為看到孩子如此勇敢、堅強、聽話而驕傲，但他們沒有意識到付出的代價。

我們每個人都有情緒，而且我們在同樣的狀況下會感受到同樣的情緒。所有人類在生理學層面都是類似的。我們都曾經感到傷心、倦怠、驚愕、恐懼、憤怒、懷恨、內疚、羞愧、被排擠、嫉妒、羨慕、寬慰或開心……但因為沒有人討論過這些深層的感受，每個人都覺得自己孤獨地在經歷這些。每個人都以為自己與別人不一樣，因為他感受到其他人似乎不曾經歷的情緒。有這些感受讓他覺得糟糕，他覺得自己沒用、可惡，讓人受不了。他給自己負面的評價，因為擔心其他人也這樣想而慌亂。於是，他隱藏情感，戴上一張他認為符合他人期待的面具。他總是害怕有人會發現他表裡不一，所以總是更努力隱藏。

每個人都有「不敬」的幻想，「不潔」的想法，或更精確地說，是我們定義為不敬或不潔的想法，因為我們的父母不願承認他們也有過同樣的幻想或想法。

我們都有幻想。幻想是與慾望、情緒有關的心像。那可以是全能的幻想——我看見自己笑看敵人被綁在柱子上；憤怒的幻想——我看見敵人受傷、摔倒、受苦；愛情的幻想——我看見喜歡的男生騎著駿馬來接我走；恐懼的幻想——我看見怪獸追著我，想把我吃掉；輕視的幻想——我想像當我要發言時，別人會用高傲、輕視的眼光看我。

誰會說出自己的恐懼、祕密的夢和慾望？誰會說出自己的孤獨、沮喪、嫉妒，甚至愛情或愉悅？所以，很顯然地，結論很簡單：自己內心發生的種種，既可疑又奇怪，最好別讓它們表現出來。

我們常常認為壓抑衝動是為了能集體生活，如果每個人都「隨心所欲」，我們就不可能共同生活——其實我們應該看看現實，目前的暴力盛行率說明了壓抑並不是正確之道。否認、不考慮、不聆聽情緒只會把情緒封在壓力鍋中。當閥門開始承受不住，鍋蓋便會爆開。

如果每當我們幻想自己打人、掐人、殺人、折磨人時，就把這些衝動化為行動，那生活確實會變得不可能。事實上，它會迅速消失，因為我們會快速地自相殘殺。不去殺人的唯一方法是壓抑憤怒嗎？我們不能學著承認自己的情感，且不讓它們控制我們嗎？

佛洛伊德已經證明，意識到自己毀滅性的衝動不會讓我們成為毀滅者，反而能幫助我們自我重建。想要摧毀、傷害別人的慾望並不是人類天生的衝動，而是對抗情緒的保護機制。為了不要感覺「自己」痛苦，我寧願把我的怒意轉向他人——像這樣是壓抑在潛意識中的情緒，才會導致個體有時候承受不了，並暴力行事。

藉著承認內在的情感，接受它們，學會容忍它們而不被它們摧毀，藉著把它們說出來，我們可以保持對自己完整性的意識，而不需要以行動來經歷情感。

重要的是要讓孩子知道，承認和「說出」他最暴力的衝動不會摧毀親子關係，也不會摧毀任何人。

「我知道你在生氣，但我還是一樣愛你。」

如果父母不允許他表達憤怒，他會帶著罪惡感與擔憂去壓抑憤怒。如果媽媽開始大哭，他會幻想自己可能會摧毀媽媽。如果他被毒打一頓，自己會被摧毀的想法可能會讓他恐懼，特別是當他還小，還無法清楚區分自己與他人時。因為，他會覺得父母的體罰是自己憤怒的合理延續。

當孩子（或長大成人後，如果他的童年焦慮沒有解決的話）必須壓抑自己的怒意時，他可能會害怕怒意從內部摧毀他。他會堅決地抑制自己的憤怒，因為，如果任它表現出來，他可能會爆炸崩潰，支離破碎！他害怕失去對自身存在界限和自己身體界限的意識；雖然說，能讓他有邊界感，讓他確立自己身分認同的，是表達他合理的憤怒。

當父母一直對孩子的情緒不敏感，當他們把孩子趕回房間去哭或「去別的地方生氣」，當他們不再關心他，孩子會感到絕望。他明白自己的情緒會威脅親子關係，他沒有太多選擇，不能讓自己打破連結，那攸關他的生存，畢竟父母供他住、供他吃。為了保持關係，也就是為了生存，他必須抹去自己的感受，讓自己麻木。

心理學家哈洛德．貝賽爾用了一個很有說服力的畫面：「當我們用手工作，手會長繭。這些繭保護我們的手不會長滿水泡。當我們因情緒而受傷時，會形成某種如老繭一樣，保護組織免於未來刺激的東西；但很顯然地，就跟手上的繭一樣，這個東西不如原本的皮膚敏感，也沒有那麼柔軟。一個布滿情感老繭的人，無法完整、充分，甚至適當地感知世界。」[5]

事情正是這樣。我們在童年時製造出情感老繭，它們讓我們對世界的感知變了樣，也為我們帶來許多問題。正是這些老繭，作為對抗兒時情緒浮現的保護層，讓我們無法盡可能地對孩子的經歷敏感。

為了要在孩子的自我意識中陪伴他，大人應該擺脫所有的「精神繭」，或者，

---

5. 取自哈洛德．貝賽爾（Dr. Harold Bessell）所寫《兒童的社會情感發展》（Le Développement socio-affectif de l'enfant）。

至少要意識到自己的精神繭，來讓自己能站在孩子的立場，但不把自己投射在孩子身上；能感受孩子的情感，但不去過濾或詮釋它們。

哭泣、抽噎、表達情緒都是療癒的。重點不在於永遠不傷害他，或永遠不對孩子不公平。**重點在於讓他「說」，提供他空間去經歷情緒與擺脫由傷害或不公平引發的壓力。**

我的寶寶要奶嘴

奶嘴常被用來避免寶寶哭，它們被用來壓抑情緒。寶寶哭時，父母常會說他需要奶嘴來入眠或平靜下來。事實上是父母受不了孩子的哭叫聲，所以要他安靜。他們把奶嘴放進寶寶嘴裡，阻止他釋放壓力，寶寶將會把這些壓力驅逐到內心更遠、更深之處。

你的寶寶感受到一股情緒，那反映了他的需求，他正試著告訴你，但你卻把它解讀為吸吮的需求而給他奶嘴。你讓他養成只要感受到情緒，嘴裡就得有東西的習慣。之後，他是不是可能會在每次情緒波動時吃東西或咬指甲？

他是理想的寶寶，他一直在睡覺

你應該有聽過這個說法吧？許多寶寶為了不哭而睡覺。這是另一種在沒獲得許可時不去感受的方法。睡覺是一種對抗壓力的防禦反應。

每次只要我們進入購物商場，我的寶寶就會陷入沉睡。頭幾次看見這種情形讓我非常驚訝。他心裡其實在想：「那裡太吵、太多壓力了，我要離開！」

會哭的寶寶睡得比較少。他們比較少因為壓力感到疲累，而且因為抽噎讓他們放鬆，他們會對周遭更感興趣，醒著的時間也會更久。

他不表達！

馬修從來不哭。他什麼都不怕，總是不發一語地接受失望。他身邊的人說他很堅強，很勇敢，讚賞他符合社會理想的男子氣概，特別是，他不會打擾大人！只不過，馬修仍然是「人」，他有人的感受。如果說他什麼都不表現出來，那也只代表他已經學會克制自己的情感，學會把自己的激動埋藏在內心深處，學會讓自己的內心保持沈默。

或許他在模仿爸爸或媽媽，甚至是模仿他們兩個。或許他遭遇了嚴重的不公平，被拋棄，或是有他說不出口的欠缺。或許他感覺到表達自己的感受會有危險。或許從他還很小開始，就已經習慣性地壓抑情緒。又或許內在的痛苦如此難以忍受，他寧願選擇不去感受。但無論如何，為了走出自己的保護殼，為了敢於做回自己，他需要幫助。他的否認與他所抵抗的痛苦成正比。

朱利安很順利地經歷了弟弟馬辛的出生。至少，他的父母如此相信。他從不曾像在嫉妒馬辛，他開心地迎接他、照顧他，除此之外，行為上也沒有任何改變。父母沒有看出來，朱利安只是不允許自己感受任何一絲嫉妒而已。他認為自己沒有權利嫉妒，認為自己不夠重要。藉由扮演哥哥的角色，他被認可，被接受。

當媽媽把離婚和爸爸要離開的消息告訴亞莉珊卓時，她一句話都沒說。她回到房間，翻開一本書，開始閱讀。媽媽鬆了一口氣，覺得亞莉珊卓坦然接受了。但我們能坦然接受父母離異的消息嗎？如果父母之間真的暴力相向或一直爭吵，答案是肯定的。但亞莉珊卓的父母並非如此。儘管有分歧，兩人直到最後都維持了和睦夫妻的形象，因為媽媽認為亞莉珊卓不該知道自己的父母已經合不來了。

我們常說的「坦然接受」，就是壓抑情感。但這種壓抑必然會讓一個人變質。亞莉珊卓讓自己變得麻木。當媽媽告訴她爸爸要離開時，她一點感覺都沒有，但她在內心發誓，為了往後不會痛苦，她永遠不會去愛。

佩德洛會輕易嘲笑自己的女兒阿瑪莉雅，她從不反駁。她不會生氣，因為她知道爸爸一定會挖苦她的敏感。儘管爸爸宣稱「我就是隨口說說，沒什麼大不了」，她還是受傷了。「白痴」和其他輕蔑的話在她的腦海迴盪，被銘記為她對自己的定義。

情緒是健康的，壓抑情緒對一個人是危險的。孩子可能會隱藏自己的感受，甚至可能會抵抗它們到不去感受的地步。這有損他們獲得健全的情感能力與社交能力，他們的EQ也會相應地降低。

孩子需要有父母的許可才會允許自己去感受，去表達情緒。許可必須是口頭與非口頭的才有效，也就是要表現在具體的行為中，尤其是必須伴隨著保護。沒有人會在擔心自己會被嘲笑或貶低的狀況下表達自己。為了要信任大人，孩子必須確定他會保護自己免於可能的嘲笑。

為了要真正信任大人，孩子也需要確定父母的個人力量。這份力量既不是限制的力量，也不是控制或權力，而是一種內在的安全感與體驗自身情緒的能力。在孩子面前表現出堅強，隱藏自己的恐懼或痛苦並不能讓孩子安心，反而向他們傳達了在人生中就該這麼做的訊息。此外，父母的這份力量，並不是展現自身的不敏感，而是我們在體驗自己的情緒時並不害怕。

當你發現孩子在面對一項狀況時沒有表現出情緒強度，請告訴他、幫助他辨認他的感受，像是問他，「你生氣是因為我沒有照你想要的方式玩？」

他是因為覺得父母害怕情緒？為了不讓父母為難，他不表達情緒？請允許他不必為父母負責：

「你不必為父母負責，也不必為父母的情緒負責。」

「你媽媽不表達她的感受，你害怕她內心的情緒。我懂，但別走遠，幫助她把感受表達出來，放膽去吧！」

他生悶氣？

生悶氣是一種語言。它說明孩子覺得痛苦，而因為這份痛苦未被聽見，孩子選擇毫不掩飾地封閉自我。

請避免所有會讓生悶氣難以結束的作法，例如說出「你在生悶氣！」或是「等你不再生悶氣，就來吃飯！」這種沒必要地強調他在生悶氣的話。用言語或用態度表現出「我對生悶氣的孩子沒興趣」，就像是在告訴他「我對你的痛苦沒興趣」。

你可以：

試著找出他用生悶氣來隱藏的情緒，並說出來：「我知道你因為我跟茱莉說了××而覺得受傷」、「我沒給你冰淇淋真的讓你很生氣。」

幫助他表達出來：「你知道的，你有說不高興的權利！」「那真的不公平，你可以說出來！」「我不給你冰淇淋的時候，你真的很討厭我，我懂！」

表現出一定程度的不在乎，當然，不是對孩子，而是對他自我封閉的行為。你像什麼事都沒發生一樣，繼續下去。不過，不在乎必須是短暫的，絕對不能讓孩子生悶氣超過幾分鐘。悶氣會持續下去，而孩子會越來越難安然地從中脫身。所以，如果他還小，在幾分鐘之後，請溫柔地走向他，問他：「寶貝，你還是不高興嗎？」把他抱在懷裡，親親他，引領他自然地去做別的活動。

如果他比較大了，叫他去做他喜歡的其他活動，但不要多加暗示他在生悶氣。千萬別忘了，孩子必須找到正面的出口！不要讓他不得不羞辱地結束生悶氣。羞辱對他的心理來說真的是毒藥。

他太溫柔？

他把弟弟和妹妹照顧得很好，從來沒有——真的從來沒有——對弟弟或妹妹生過氣？你覺得他好像太溫柔了？他很可能正在用心理分析師稱之為「反向作用」的機制，來抵抗他感覺被禁止或有危險的嫉妒。他表現出的感受與他真正的感受相反。為了不讓自己的「惡意」冒出來，他表現得特別溫柔。他不能承認心中感受到的攻擊性和嫉妒，他會覺得自己很壞，而這是無法容忍的。溫柔阻止他與憤怒接觸，讓他恢復好孩子的形象。

請允許他嫉妒和生氣，告訴他這些感覺有多麼自然和正常。需要時，說說你自己的童年和你的嫉妒。

童年時沒被承認的嫉妒將會改變我們長大成人後與他人的關係。但如果正視它，接受它，我們可以度過、超越、治癒它。

他指控別人？

承擔一個錯誤或一件蠢事的責任，會讓孩子感覺自己很糟糕。他不想被這樣看待，他是好孩子。所以，糟糕的是別人。孩子會把他剛剛所做的事的責任或是他無法承受的情緒，轉移到手足、朋友或想像的友人上。

千萬不要指責他，他的形象已經太脆弱了，就是因為這樣他才無法忍受情緒。相反地，請幫助他穩固自己的形象，向他證明你會無條件愛他，也就是即使在他做錯事、弄壞玩具、打翻茶杯或打了妹妹時，你也愛他。你可以譴責他的行為，但你會繼續愛他，他永遠是你的兒子。請讓他放心，告訴他大家都會有生氣、嫉妒或憤怒的時候。

許多三到五歲的孩子會創造出想像的朋友，把自己的不當行為歸咎到他們身上。不要指責孩子說謊。他們試著以自己的能耐來處理太過巨大的罪惡感。請向孩子保證你對他們的愛與重視。不過，你可以要求（尊重地要求）孩子幫助他的朋友細心一點。把掌控想像友人的工作交付給他。別擔心，孩子知道這個朋友不是「真的」存在，即使他跟你保證他確實存在。而他也知道，你知道他是清楚真相的……

5 克制而不壓抑

對孩子的感受與想法真的感興趣，會幫助孩子做自己。要陪伴孩子建立自我意識，首先要真正地聆聽他，不要評斷，不要給建議，不要試著引導他，就只是讓他說出他的經歷，幫助他辨認、接受和瞭解自己內心發生的事。

成人的大腦已完全成熟，讓他有辦法獨自處理情緒。孩子的大腦尚未發育完成。能幫助他專注在他人身上的額葉區，和讓他能將情緒次要化，也就是說出情緒、給予情緒意義的皮質區，還在建構中。大腦邊緣系統會處理恐懼、笑或眼淚，無須其他更上層區域的介入。

因此，為了讓自己能不被情緒淹沒和壓垮，能疏導精力，能學著以社會可接受的方式表達自己的需求，能知道盡情去感受不會有危險，孩子需要成人的陪伴。所以，當他還不具備有效處理自身體驗的心理能力時，絕對不能讓他獨自面對情緒波動，那等於是把他丟進古老的心理防衛機制，像是否認、抵消、分裂、投射到他人身上，或反向作用中。這些當然是讓自己不再去感受的有效方法（之前提過的老繭），但代價是會讓我們與現實的接觸變質。

比起讓小孩獨自對抗他內心的怪獸，我們可以陪伴他。父母對孩子的情感安全有責任。

馬丁打你，還告訴你「我不愛你了」，如果你覺得受傷，如果你開始聆聽自己的傷痛而不是準備聽見他的傷痛，如果你回答他「我也是，我也不愛你了」，或是「回你的房間去，等你平靜下來再回來」，馬丁會深深覺得自己被遺棄。他需要你，他用打你來告訴你，因為打人是在尋求接觸。他用自己對你的愛當賭注大聲呼喊他需要你，你卻拒絕他？

孩子就是孩子，他還不會把事情好好說清楚。父母的角色正是幫助他運用適當的詞彙，而不是進入情緒之爭。大人能控制自己的衝動。比起父母的情緒，優先處理孩子的情緒是很正常的！

當然，隨著孩子漸漸長大，父母要撤退。但如果父母太早退場，將使孩子無法學習，並會一直手足無措，任自己由控制焦慮的防衛機制擺布。

為了更瞭解發生了什麼，讓我們來觀察一下嬰兒。他們還很小，完全沒有自己是與母親有別的主體的意識。我們大人知道自己「有」痛感，我們存在於我們的疼痛之外。至於嬰兒，他「就是」疼痛。他完全被不安侵襲，非常需要媽媽的介入。他需要媽媽在身邊，需要媽媽的話、媽媽的愛，需要被媽媽包覆！因為他的身體和精神界限依然模糊，媽媽的包覆接觸能讓他克制情感，感到安心。

孩子活在當下。他們尚未發展出設想自己未來的能力，他們當下經驗的強度也因此被放大了。他們「不知道」痛苦會過去，怒氣會結束，他們將能再次找回舒適的感覺。因為年紀小，他們被情緒入侵，我們大人則知道此刻會過去。

在經歷一陣情緒時，孩子需要感受父母的可靠，他需要看見父母也會經歷情緒，甚至是很強烈的情緒，但沒被摧毀。

你的看法呢？我們應該把哭泣的寶寶抱在懷裡，或是覺得我們可能會「寵壞」他？

孩子一哭就該衝過去嗎？

一個剛出生的寶寶哭了。他餓了，媽媽在九十秒內回應，寶寶在五秒內平靜下來。如果他的媽媽在三分鐘後才回應，寶寶需要五十秒才能平靜下來。

當介入處理的時間慢了一倍，孩子哭的時間會增加十倍。

你等越久，他就越難重整自己的內心。

如果嬰兒哭的時候都沒有人出現，會發生什麼事？他還無法告訴自己「會沒事的」。他自己「就是」疼痛。他無法告訴自己，「等一下」媽媽洗完碗，打完電話，做完別的事就會過來。他「就是」痛苦，但沒有人來關心。那個應該要救他、保護他的媽媽沒有這麼做。因此，她是能傷害他的！她是危險的，他不再能信任她。但這是不可能的，我們怎麼能讓他失去對媽媽的信任，失去對自己賴以維生的人的信任？所以，小寶寶保留了對母親的信任，寧可改變自己的內在感知，取消自己的痛苦、自己的情緒，危險的是它們！他對媽媽的依賴提高了，因為他已經失去內在的依據，她才是那個知道他需要什麼、何時需要的人。

反之，如果無論孩子有什麼情緒，父母都對孩子展現愛，孩子會學到情緒並不危險。他會準備好聆聽情緒，瞭解它們說了什麼，因為他的父母也準備好要傾聽。這能讓孩子逐步建構出自己的恆定感。無論他悲傷、快樂或生氣，他還是同一個小男孩或小女孩。

該做什麼？

當孩子感受到情緒，你的問題會是：「我該怎麼幫他意識到他內心發生的事？」

對新生兒，請盡快處理。試著找出他的需求並滿足他。他比你的醫生或時鐘更知道自己是不是餓了。在他表達情緒時，請陪伴他。如果他所有的生理需求似乎都已滿足，那就跟心理需求有關。請留下來，用心傾聽。讓孩子向你傾吐他的抱怨、抗議和痛苦。

孩子越大就越能自主管理情緒。在急忙跑去關心之前，可以先花幾分鐘觀察他怎麼自己設法處理正在經歷的事。如果他沒有對你提出任何要求，請信任他。

請留給他表達的空間。我們常會想要「安慰」孩子，我自己就是這樣，所以我會克制自己。我的孩子在哭時，在安慰他之前，我會先試著聆聽他：「我知道你不舒服！」如果他很不舒服，我甚至會鼓勵他哭出來：「哭吧，寶貝！大聲哭，抱著我哭，你在痛！」

絕對不要問「為什麼」。「你為什麼哭」會讓孩子覺得被指責或被貶低，這個問題可能在暗示他沒理由哭。而且，這個問題也要求思考，但孩子還沒來到那一步。在能夠談論他的情緒前，他需要先表現出來。而且，知道他「為什麼」哭後，我們會想解決他的問題，提供他辦法。但他不需要這些，他很可能可以獨自面對他的問題，**他只是需要自己的情緒被聽見**。

試著用能陪伴他內在經驗的「怎麼了？」或「你有什麼感覺？」來取代「為什麼」。

以同理心聆聽

以同理心聆聽，在於把握孩子剛剛所說的話中重要的層面，也就是情緒、感受或慾望，並將它們反映出來。比起聽到字面上的意思，更重要的是聽出言外之意。**比起事實，請更專注在孩子的內心運作上。陪伴孩子而不是陪伴外在事件。**

對於「我不想睡覺！」這句話，請回答「你不想睡覺！」，而不是「你得去睡覺，明天才會有精神。」

你還可以繼續說些像是「你有不想要的權利，沒錯，你比較想繼續玩，我能瞭解」這樣的話（但一邊讓他去睡覺）。

你不相信？請試驗看看。如果你和孩子已經處在權力之爭中，剛開始的前幾天孩子很可能會反抗。但他們晚一點睡真的那麼嚴重嗎？要讓孩子學習遵守自己的節奏，偶爾違反規律的睡覺時間是值得的。當他們瞭解了你尊重他們的感受，也沒有權力之爭，他們會願意感受自己的疲憊，也更容易在適合他們的時間睡覺。我們常常可以透過信任孩子來知道什麼對孩子好，除非你和孩子處在權力關係中。

請注意，在你重新表達他們的話時，你的內心態度比用字遣詞更重要。一個句法完美且精準發現孩子經歷的句子可能是完全無效的。重點在於**共情**，在於表現出你以同理心聆聽！也就是，聆聽孩子話語中的情緒共鳴，讓自己暫時站在他的立場，感受他所感受的，從內心聆聽他正在經歷什麼。

「媽媽，我該去踢足球，還是該去念書？」

「你在猶豫，你覺得你想做什麼？」

「我不想去考數學。」

「你在擔心……」

藉著重新表達，你不批評、不評論、不介入，而只是接納孩子的感受。他會感覺被承認、被認可。他會覺得自己有權去感受，也能信任自己的感受。

你無法想像這種態度對你、對他、對你們的關係能帶來多大的好處。

不過，還是要注意尊重他的祕密花園，不計代價試著得到祕密是沒有幫助的。不強迫孩子說話是很重要的。任何事都過猶不及。

一味地和不停地聆聽也可能會有反效果，並讓孩子變得依賴，或是為了抵抗這種不停的干涉，而變得有攻擊性。你可以信任孩子。你的角色不在於解決他的問題或是剷除他們路上的困難，而是提供他們辦法，或者，更是要幫助他們相信自己有能力在各種狀況下找到辦法。

也別陷入「閱讀想法」或詮釋中。有時候，因為投射、被自己情緒感染的機制，我們會開始替孩子思考。情緒的解讀必須非常尊重孩子經歷中的各種細膩差異。依照我們的想法詮釋，替他思考，這都是再次以定義來侷限他，而沒有聆聽他。

總而言之，要陪伴孩子的情緒——其實，要陪伴任何一個人的情緒都一樣，只要表現出共情就好。站在他的立場，試著感受在相同的立場、狀況下，你會有什麼感受。所有的「人之常情」都不會令「人」陌生。你也曾是孩子。你可以理解他的內心怎麼了。

請注意不要過度「心理學化」。言語表達不一定總是必要的，它也不夠。透過肢體接觸、擁抱、滿足需求來回應是最根本的。我們並不需要一直解釋孩子的行為，而是要幫助他在必要時用言語表達，也就是幫助他脫離困境，或陪伴他度過痛苦的事件。

陪伴情緒的步驟：

1. 用眼神進行非語言的接納。你的呼吸、你的內心態度都要參與。根據孩子的年紀，必要時，將他抱在懷裡。
2. 把孩子的感覺說出來：「我知道你在生氣！」「喔，你在傷心！」「你在害怕！」

3．允許情緒宣洩殆盡。
4．當孩子的呼吸恢復平穩後，開始討論。

當然，以同理心聆聽可能會讓你接觸到自己的情緒，喚醒你過往的欠缺、苦痛……

當我們自己都不懂得以健康的方式憤怒，要尊重孩子的怒氣是困難的。當經歷悲傷令我們想起從未被自己父母聽見的強烈絕望時，我們幾乎不可能把孩子抱在懷裡，陪他度過悲傷。

然而，如果你的孩子無法對你吐露他們的真相，他們最後會轉身離開，甚至會切斷與你的聯繫，除非他們的翅膀殘破不堪，一輩子都得依賴你！

許多父母不懂為什麼孩子長大後不再與他們來往，他們明明為孩子「做了一切」。其實是，他們忘了尊重孩子的情感。

6「他的抱怨讓人煩躁！」

有時候，小寶貝的情緒讓你惱怒，這有幾個可能的假設：

1. 你累壞了，但情緒是吵雜的。
2. 你有你自己的情緒與需求，但你沒有承認，而且你感覺自己在與孩子競爭。
3. 他表達的情緒並不恰當，那是隱藏了真正情緒的煙霧彈。
4. 那是你自己不允許的情緒。
5. 那讓你想起自己的童年。

太累了就是太累了！

當年幼的孩子「無緣無故」地哭，他很可能是累了。對大人來說也一樣：當父母「無緣無故」地生氣（比起哭，他們更常選擇這種表現方式），他們或許只是累了！

太多父母拒絕承認自己累壞了。他們還想付出再付出，繼續洗碗洗衣、說故事和陪玩芭比娃娃，當個「好父母」。他們遲早會爆炸，而一個打翻的盤子或一條亂丟的內褲就足以讓他們勃然大怒。

承認自己的疲累並告訴孩子，能讓他們辨認出我們憤怒的真正原因。**不是他們「令人難以忍受」，而是你已到達極限：**你對噪音和混亂的容忍度處在最低點，你需要安靜和休息。

當一種情緒掩蓋了另一種情緒

當瑪莎因為裙子太緊而哭了起來，當奧利維耶害怕奶奶不會傷人的狗，當皮耶為了一件無關緊要的小事開始生弟弟的氣，你會發怒嗎？聆聽你的直覺。你在回應一種扭曲的情緒。瑪莎真正的情緒是憤怒。奧利維耶的害怕隱藏了另一種害怕，也就是要離開媽媽幾天的害怕。他擔心媽媽不會回來，又不敢說自己不同意媽媽離開。皮耶害怕數學考試。你的惱火正在告訴你，在孩子表現出來的情緒背後，隱藏了另一種情緒。有另一道傷痕、另一個問題、另一種可能更嚴重的缺乏需要被聆聽。

當真正的情緒無法被說出來，它們會喬裝，會轉移到替代的對象上（例如一隻狗、一隻蝸牛、數學……），彼此互相取代。它們隱藏了真相，掩蓋了說不出口的真正需求。

照著我做……

當你從來不能對自己的母親說不時，要怎麼忍受你女兒的怒吼？當你從來不曾掉眼淚時，要怎麼接受你的兒子哭？

一個從來不曾表現出情緒的父親，很自然地會期待兒子如他一樣「堅強」。一位不會表達自己感受的母親，會難以應付女兒的尖叫。

你不准孩子有某種情緒？你的父母過去不准你有這種情緒，或者，你自己因為它看起來太危險，而壓抑了這種情緒。聆聽兒女的這種情緒，可能會違背你在童年時無意識做出的決定。這可能會迫使你質疑你從父母那邊獲得的教養。為了保護你父母的形象，你不願意聆聽你的孩子。

他沒有權利生氣，你才有！

他想要吃茄汁拌麵，你放了奶油醬，他大叫。你家的青少年在抱怨史地老師，你的女兒吼了把音響開到最大聲的哥哥……通常，你很有耐心，但今天，你沒有。你大發雷霆，你失控了。

為了某個理由，你在生氣。你在內心抱怨安穩地看著報紙，把一切都丟給你的老公！你在內心抱怨一意孤行的老婆、你的老闆、水管工、你的媽媽。然後，你的孩子在發脾氣？那是壓死駱駝的最後一根稻草。你把你的憤怒投射到這個犯人身上！

他不喜歡他的麵條？你不滿的動機比茄汁、地理作業或音響重要多了！

發現自己很可能不知道自己的許多情緒是很詭異的。然而，我們的情緒在這種對孩子不適當的發火中展現出來。必須承認，孩子常常讓我們激動。在不該刺激我們的日子，他們會特別煩躁。這是巧合嗎？這幾乎讓人覺得他們是故意要讓我們爆炸。沒錯，孩子對父母的經歷特別敏感。透過某種心電感應，他們能捕捉到沒有說出口的情緒和壓力。因為不安，他們用會加劇父母壓力的行為來反應，直到這些壓力被釋放。

「簡直就像他們在逼我吼他們一樣！」維樂希驚訝地說道。

父母越沒意識到自己的情緒，孩子就越會接手處理，然後試著代替他們將情緒表達出來，把父母逼到極限。

你覺得自己因為某種慾望或孩子的某種行為而過度激動？你受不了寶寶的哭

泣、大兒子的狂怒、大女兒的絕望？你無法克制自己不去辱罵他們？

問問自己以下的問題：此刻，我可能是因為什麼原因而憤怒？我的生活中缺了什麼嗎？是沮喪或無力感嗎？我受傷了嗎？我有不知道該怎麼解決的問題嗎？

「當他做了這件事，我就變得暴力！」

當孩子讓我們回想起自己的童年時，我們最容易失控。

「你給我喝湯！」瑪婷生氣地說。雷米推開湯碗，湯灑得廚房到處都是，也灑在媽媽身上。媽媽氣炸了。她把雷米猛地抓進懷裡，打了他屁股，還罵他是「壞小孩」和「搗蛋鬼」。

「我感覺自己被我媽媽的暴力控制了。」瑪婷之後向我吐露。

發生了什麼事？他的兒子平常都能好好吃飯。那一天，瑪婷壓力很大。雷米感受到她的壓力，然後，和所有的孩子一樣，他開始替她的情緒做出處理。他給了她釋放憤怒、「發洩」的機會。

瑪婷很明確地感受到自己被一股她無法控制的憤怒侵襲。她重新經歷了她母親的暴力，但這一次，她在圍籬的另一邊。兒時，她的角色是受害者；長大後，她扮演了加害者，她的小雷米承擔了受害者的角色。瑪婷的母親無法忍受女兒不服從她的命令，她變得暴力，會打小孩。

寶拉有一個兩歲半的兒子。光在小公園待上幾分鐘她就已經受不了了，但每個禮拜四下午，她還是會待在那裡，並因為無法從中獲得樂趣而自責。她每個禮拜會請一天假來陪兒子，並把週末夜晚都留給他。她試著盡可能地花時間跟兒子相處，又因為自己跟兒子在一起時感到無聊而氣自己。

為什麼跟兒子在一起時她覺得無聊？無聊代表著寶拉壓抑了自己的情緒。她用無聊來掩蓋自己的感受，好讓自己不必去感覺。這些被壓抑的情感本質為何？它們從何而來？

寶拉的父母從不曾跟她一起玩，她沒有與父母任何一方的愉快親密回憶。然而，她拒絕正視自己因此有多痛苦。她告訴自己，事情就是這樣……由於她否認自己兒時的情緒，她變得無法和兒子一起玩耍、歡笑。

為了彌補，她什麼都幫他做，為了讓他開心，為了他好。她帶他去公園，去玩旋轉木馬，去騎小馬。她壓抑自己的情緒，拒絕聽見自己的失落。回家後，沒有意識到的怒意讓她做出毀滅性的行動。她不加思索地把喀什米爾羊毛衣丟進洗衣機。洗完後，毛衣縮水黏成一團，她感到內疚。這是她把自己的攻擊性轉向自己，並允許自己有罪惡感的方法。

所有的父母都會透過孩子重新經歷自己的童年，也因此產生了各種問題。自己經歷的投射、深埋的痛苦感受再現、童年時仇恨衝動的再度浮現、嫉妒、未說口的話、家族祕密、羞辱或失望的回憶、羞恥感、罪惡感……種種往事都在那裡——通常是無意識的——並阻止我們以適當的方式回應我們的孩子。

當這些過往未被治癒，父母會自動，甚至衝動地複製自己父母對待自己的行為。

把自己父母的不當和暴力行為複製在自己的孩子身上，是為了把在心中的痛苦塵封到更遠處，否認它們。我仿效我母親的作法，因為那對我是好的，那沒有傷害我。這是一種複雜的機制。與有暴力傾向的父母同化，是一種想要瞭解過去發生什麼的無意識企圖，也是把自己遭受的痛苦報復在他人身上，和讓被壓抑的強烈憤怒終於能表現出來的方法。報復會施加在一個替代品上，例如自己的孩子，或其他所有脆弱和依賴自己的人。因為那個人不是真正犯錯的人，這種報復無法滿足。

當父母自覺曾受到創傷，他會對孩子採用相反的作法。但悲傷無力的父母常會發現，儘管如此，似乎還是產生了同樣的效果。反面永遠只是同一張卡片的另一面。「反」自己父母之道而行是繼續根據他們來行事，也是始終無視自己的孩子。

治癒自己的童年

能真正聆聽孩子的唯一方法，是治癒自己的童年。為了讓自己從往事解脫，我們也需要釋放自己的情緒。我們的父母沒能注意到我們的情感需求，沒能聆聽我們的恐懼與憤怒。他們施加的傷痛始終留著印記，因為我們沒能為此哭泣。我們或許甚至沒能辨識出那些對我們來說是傷害或不公平的事，因為他們一直向我們保證那是「為我們好」。沒有目擊者在場幫助我們釐清真相。我們埋藏了自己的壓力。如今，面對自己的孩子，它們重新浮現。

為了治癒，必須正視自己兒時的真實狀況。別再理想化自己的父母，敢於看見他們曾經傷害我們，或是不合理地對待我們。請去回憶，賦予自己權利去感受那些在兒時我們可能、甚至無法觸及的情緒。

當你表達了對曾遭受的不公平待遇的憤怒，當你共情地與心中的孩子一起哭過後，你將能聽見自己孩子的真相。

他喚起了你心中難以承受的感受？這表示有心結在。你可以迎戰它。只要看著浮現的回憶即可。聆聽你心中的孩子，給予他從來不曾獲得的，關心他的感受。找回你小時候那個女孩或男孩的形象，在你的心中為他保留一份空間。

現在，長大成人的你，請在心裡想像你會找到當年的那個孩子。想像過去的你和現在的你相遇。長大的你坐在兒時的你旁邊，聆聽他，擁抱他。他理解你，他愛你。

你可以尋求心理治療師的陪伴，幫助你進行這項工作，或是聆聽引導你放鬆的錄音帶來幫助你追溯回憶，並治癒它們。

PART 4

恐懼

摩天輪開始轉動時，一個八歲的小女孩哭了。

「我不要去，我怕！」

「不會有危險的。來，別當膽小鬼，不要害我們今天掃興！」

小女孩越哭越厲害。隊伍中的一位男士介入了：「她有權害怕。不必因為這樣讓你們掃興，你們去搭，讓她在這裡等你們。」

小女孩露出了大大的笑容，她被聽見了！她的家人登上摩天輪，她留在下面看他們，還找到一個一起聊天的小女伴。她很開心。

強迫孩子迎戰恐懼是沒有幫助的，這通常還會強化恐懼。幫助一個人——無論是大人或小孩——克服恐懼需要時間，也就是恐懼讓位給渴望的時間。當迎戰恐懼的決定來自我們，孩子會因為依賴我們這麼做，而非出自他的選擇。他不會動用自己的能力，他不覺得自己有責任。依賴會增加恐懼。

1 我們應該聆聽他的恐懼嗎？

沙灘上，兩歲的湯瑪僵住了。他拒絕下水，就算有可愛的小鴨泳圈。他的爸爸還買了很棒的橡皮艇，但爸爸想把他抱上船時，湯瑪大叫了。

父母因為想到能和孩子一起玩水而開心，他們買了色彩繽紛、樣式迷人的漂亮玩具，而孩子卻因為想到腳要碰水或坐在那個搖晃的東西上而恐懼。孩子很難理解，到底是什麼原因讓父母無論如何都要把他們帶進如此不舒服的狀況中。

這對父母來說是多麼失望！某些人會感到氣惱。他們受不了孩子不符合他們的期望，並變得有攻擊性。他們不能理解，因為「去年他很愛玩水！」，並對那些在開心地跳著、跳水、互相潑水的孩子的父母，投以羨慕的眼光。

有些父母因為不瞭解孩子恐懼的程度有多嚴重，認為孩子不識相，儘管孩子哭喊，還是把他們丟進水中。

為什麼不慢慢來呢？為什麼不讓孩子以自己的步調來馴服水這神奇的玩意？是為了讓其他父母看見自己的繼承人已經會游泳了？是為了不讓自己成為「膽小鬼」

的爸爸？

粗暴地對待孩子並不是幫助孩子克服恐懼的有效方法，長遠來說也可能會有嚴重的後果。

「我兒子？他什麼都不怕。」一個否認各種恐懼的孩子，其實非常恐懼自己的恐懼，所以他寧願不去感受恐懼。他把恐懼驅逐到潛意識的深處，但它遲早會以偽裝或轉移的形式，重新出現在他的生命中。孩子會害怕是自然且正常的，重要的是，大人不該鼓勵他過度「勇敢」。

亞蘭會咬指甲。晚上，他會在床上突然抽動和打呼。對他來說，這不是恐慌，他覺得自己就是會這樣。恐懼對他來說很陌生。在生活中，他樂於冒險。他喜歡危險的運動，喜歡到戰爭中的國家旅遊冒險，喜歡懸疑片。簡單來說，他把恐懼當兒戲，卻感受不到恐懼。在大多數會令他人膽怯的狀況中，他相當自在。但他會咬指甲！當他在四十歲那年開始透過治療尋找這項行為的動機時，他發現了恐慌。這份恐慌讓他驚訝，這不符合他的形象。願意承認新的真相後，他想起了自己沒得到父母的關心，因為缺乏對話而痛苦，還有孩童時期巨大的孤獨感。侵襲他的強烈恐懼令他震驚，他意識到自己內心曾有那麼多的害怕，以至於他寧願不去感受它們。在抹除一切恐懼後，為了感覺自己的存在，他一方面需要尋找強烈的感受，另一方面，需要不斷藉著面對恐懼來測試自己的控制力。透過危險在呼喚他的，是深埋在潛意識中的恐懼。

在允許自己體驗，特別是表達出長久以來留存在他身上的兒時恐懼後，他很明顯地解脫了。這讓他太太鬆了一口氣，他夜晚的呼吸變得比較平和，也不再於睡眠中抽動，而他的打呼，也就是努力壓抑情緒的證明，也顯著減少了。

如果孩子的恐懼常被我們輕視，他們不會變成心胸開放且勇敢的大人。他們當然可以否認所有恐懼，變得大膽。但往往為了能感覺到什麼，他們會去冒越來越大的險，並測試控制別人與自我掌控的能力。

但他們也可能一輩子都不出鋒頭，靠樂耐平（Lorazepam，一種抗焦慮藥物）或其他非法藥物來控制不能說出來，也因此難以克服的焦慮。

他們也可能難以投入感情關係中，難以體驗親密關係。當他們自己的父母那麼不敏感，要如何信任別人？所有對他人的依賴都變得危險，怎麼還敢去愛？

另外一些人——特別是如果他們不被允許生氣——會建構出恐懼反應來自我防衛。他們限縮恐懼，把它集中在一個對象上。這個對象可能是一開始引發恐懼的事物，像是他被丟進去的水，他被威脅要關進去、甚至真的關進去的漆黑房間或地窖。這個對象也可能轉移到其他事物上，例如電梯、某種交通工具、貓、蜘蛛、蛇……

總而言之，情緒動盪遭到我們否定的孩子，會與恐懼的情緒產生一種混亂的關係，無論那是被輕蔑、被否認、被藥物抑制、被向外投射，或侵入性的恐懼。

然而，**恐懼有其存在的理由，即便對大人來說是晦澀不明的**。恐懼需要被尊重、被聆聽、被接納。一個勇敢的人並不是感受不到恐懼的人，而是會在心中體驗、承認、接受恐懼，並從恐懼中學到什麼的人。不去感受恐懼是危險的。基本上，恐懼是一種相當健康的情感。它告知我們有危險，它動員我們的身體來面對危險，它教我們要準備面對未知。它是自然的。我們應該要經歷它，利用它。

話雖如此，也有一些不成比例、脫節、有抑制性，或令人麻痺的恐懼，這些恐懼確實是沒有幫助的。然而，我們必須把它們當作訊息來聆聽。它們訴說著關於你孩子的事，或者，你的孩子想透過它們告訴你什麼。

有健康的恐懼，也有過度或不適當的恐懼。有些恐懼需要經歷，其他則需要克服，而所有的恐懼都需要被尊重和陪伴。

2 最常見的恐懼

有一些典型的恐懼是每個人在童年時或多或少都會經歷的，大概是：怕摔倒、怕巨大的聲響、怕生、怕分離、怕洗澡、怕眼睛進水、怕黑、怕動物、怕狼、怕鬼、怕巫婆和龍……這些恐懼出現又消失，它們反映了孩子心理狀態的發展階段。這些恐懼在某些年紀是正常的，唯有它們變得太過嚴重，對孩子的生活造成困擾，或一直持續下去時，才是有問題的。

讓我們一起來探討一些最常見的恐懼。

巨大的聲響

巨大的聲響會讓我們嚇一跳。在幼兒身上，它可能會引發真正的恐慌。在我看來，這屬於人類的保護反射。噪音表達了潛在的危險，指示我們逃走。但嬰兒沒辦法自己逃走，所以他喊叫。

露西一歲八個月大。隔壁的房子在整修。突然間，噪音響起，震耳欲聾！那好像是電動槌鑽，連牆壁都在震動。噪音在小女孩身上引發了真切的恐懼，她喊叫、掙扎、哭泣。

媽媽把孩子抱起來，迅速地和她一起離開噪音源。來到比較安靜的地方後，她把女兒緊緊抱在胸前，接納她的強烈情緒。她溫柔地任女兒盡情哭泣。她讓自己的呼吸與孩子的一致，輕輕地在女兒耳邊細語：

「你嚇壞了，那道聲音很大，我也嚇到了（是真的）！當我們沒料到會突然出現『轟隆隆』的聲音時，我們會害怕。我們會想，那是什麼。你知道那是什麼聲音嗎？」

「不知道！」她的女兒在兩次抽噎間回答道。

「你想看看那是什麼嗎？」

「不想。」

媽媽有點操之過急了。露西還太過害怕，無法面對噪音的來源。所以，媽媽告訴她整修的事，告訴她工人正在做什麼，解釋為什麼雖然不是他們家，牆壁還是會震動。

因為整修會持續兩個多禮拜，白天時她們也不可能一直待在公園或其他地方，讓露西具備面對這份壓力的方法是很重要的。

她和媽媽對著有工人在另一邊工作的牆壁大喊：「停止這個聲音，它吵到我了！」這當然不會讓噪音停止，但卻會改變露西的體驗。**表達憤怒和確認自己的力量會減輕恐懼。**

整修結束後的近一個月當中，露西很注意各種聲音。遠處有一隻狗在叫？她會說：「有一隻狗讓我害怕。」這句話並不期待回答，只需要用「你怕噪音」這樣的話來接納。**可以提起噪音和恐懼的回憶，若有需要就盡可能地討論，這能讓她重建自我，再次感到安心。**露西會學習管理自己的情緒。

害怕睡覺

光線透過百葉窗板射進房間，在壁紙上形成光影。街燈照亮路樹，夜風吹動樹枝。對於不知道那是什麼的孩子來說，這些移動的影子可能會變得很嚇人。爸爸抱起小男孩，打開窗板，和他一起慢慢看著樹枝在路燈下隨風搖曳。然後，他們關上窗板，觀察影子。爸爸花了幾分鐘躺在床上，陪伴孩子再次入睡。

為了要入睡，我們必須感到安全。在孩子呼喚你的時候去看看他，會給他安全感。孩子將會知道他可以依靠父母。你可以留一盞夜燈，讓他能更輕易地在空間中有所依據，也能讓他在半夜醒來時，更清楚地看到物品的真實輪廓。但夜燈無法取代父母的出現。

睡覺，也是放下控制，完全放鬆，進入另一個世界，做夢，或做惡夢……我們喜歡睡覺時有人陪伴。

說完故事後，按摩能帶來安全感，並確保他能好眠。觸摸、愛撫會給他被包容的感覺。感受自己身體的輪廓能讓人安心。

就寢時間是談談白天發生了什麼的絕佳時刻，是「了結」未完成的故事，結束懸而未決的問題，吐露煩惱的時刻。

他做惡夢嗎？房間中有什麼東西會在夜晚變形嗎？他的夜燈是不是投射出可疑的影子？

請仔細留意。或許他只是在告訴你，他需要你陪在他身邊。這不是「任性」，而是在表達需求！在他旁邊躺個幾分鐘，你就能給他會陪伴他一輩子的安全感。如果你拒絕滿足他的要求，會迫使他獨自面對黑暗，自己面對入睡的過程。他當然會學著自己入睡，但這會消耗掉無法再被用在其他學習上的心力。被壓抑的遺棄焦慮尤其可能會造成語言學習的遲緩，和咬字上或發出某些字音的困難。

夜晚的恐懼讓孩子在深夜驚醒，它在訴說白天沒有妥善處理的情緒。

要害怕童話嗎？

兩歲半的瑪歌在半夜醒來，她大叫說她怕狼。我發現白天時，奶奶給了她一本在說大野狼想吃掉小羊的故事書。我們討論了這個故事。我非常緩慢地把故事說給她聽，解釋每件事，也回頭重看。然後，我告訴他我不喜歡這個會讓人害怕的故事。我們該怎麼處理這本書？我提了四個建議：留著它、燒掉它、撕掉它、把它丟到垃圾桶。她想了一下，用果決的語氣說：「撕掉它。」她有意識地這麼做了：「我把大野狼撕成小碎片了，這樣牠就不會吃小羊了。」

傳統的童話常常是暴力的，它們反映了人們藉著讓小孩害怕來獲得服從或屈服的年代。只要聽聽以前的搖籃曲就能明白大多數家庭中的氣氛：

好久好久的故事，是媽媽告訴我。在好深好深的夜裡，會有虎姑婆。愛哭的孩子不要哭，她會咬你的小耳朵。不睡的孩子快快睡，她會咬你的小指頭。還記得，還記得，瞇著眼睛說：「虎姑婆，別咬我，乖乖的孩子睡著了！」

狼、怪物和其他巫婆興高采烈地出現。某些心理分析師捍衛童話，他們分析了童話中的象徵主義，指出了它們的普世性。沒錯，童話乘載著象徵，但不明確的象徵無助於治癒，它們甚至會被用來壓抑情緒。情緒被投射在象徵上，因而被疏遠、被避免。我同意愛麗絲．米勒[6]的看法，象徵讓事情能留在無意識的層次。單純的象徵化並沒有「淨化」作用[7]，否則藝術家應該可以透過他們自己的藝術治癒傷痛。繪畫、書寫、雕刻藉由維持壓抑的情緒，幫助藝術家存活。不過，我們可以像聆聽夢境一樣來觀看一幅畫，利用畫作中的色彩與形狀來回溯情緒的線路。藝術治療是一種很有力量的治療形式。雕刻、畫作、拼貼……都是媒介。我們跟自己對話，與自己透過藝術所表達的潛意識相遇。「這些象徵符號都在說些什麼，因為它們是個體潛意識的表現。」**這樣的話語有療癒功能，因為它們賦予情感生命**。它們讓我們能描述內心發生的事，讓我們能意識到內在的經驗，並賦予其結構。

相反的，讀童話鮮少會讓意識有所進展。古老的童話反映了精神生活。但它們對孩子有幫助嗎？我不這麼認為。我的臨床經驗告訴我，它們可能是有害的。一個正好經歷童話中的難題的孩子，可能會從中確認負面的信念，並會長久留存著恐懼。童話讓潛意識中的幻想形象化，這些形象可能會強化焦慮。

好多年來，茱莉安娜一直害怕白雪公主的後母。她害怕到想把書藏起來。他哥哥知道這件事，為了想看她發抖，會故意在她面前把書翻到巫婆出現的那一頁。現實生活中，茱莉安娜害怕自己的母親，她對這個常常有巫婆般舉動的女性抱有很大的憤怒，雖然在當時是無意識的。讀白雪公主的故事對她並沒有幫助，這讓她得面對自己的恐懼。長久以來，她把媽媽理想化，拒絕去感受自己真正的情緒，就好像她住在離城堡很遠的森林裡（自我放逐），一位白馬王子帶她遠離媽媽……直到她接受心理治療，重新找回自己的情感，並敢於表達，重建自信。

蘿沙達與父親有亂倫的問題。她去電影院看了五遍《驢皮公主》[8]。她覺得電影裡面談到了她擔心的問題，但她不太能從中找到辦法。

好多年來，泰咪一直害怕自己像賣火柴的小女孩那樣，一個人處在寒冷中。為了不讓自己被拒絕，她順從別人的渴望，忘了做自己。到了五十幾歲時，想起這個故事她還是會哭。

小鹿斑比、驢皮公主、灰姑娘、小紅帽……為什麼童話中有那麼多過世或遺棄孩子的母親？請注意，這些童話是男性寫的。他們是不是在藉此告訴我們，離開母親對他們來說有多困難？還有另一種解釋：有些母親太嚴格、專制和令人沮喪。跟每個孩子一樣，這些作者也都夢想著有個溫柔的好媽媽。因為不能對自己真正的媽媽生氣，他們停留在好媽媽的理想形象中，從來不曾與之道別。媽媽去世，她的形

6. 愛麗絲・米勒（Alice Miller, 1923-2010）是瑞士心理學家，以研究兒童創傷與其對成年後的影響聞名。
7. 淨化（Catharsis），是希臘文的淨化、純化，是刻意地宣洩被壓抑的情緒。
8. 《驢皮公主》（Peau d'âne），一九七〇年由法國導演賈克・德米（Jacques Demy）執導的電影，改編自查理・佩羅（Charles Perrault）一六九四年出版的童話。內容敘述國王因喪妻而打算再娶自己女兒為妻，為了躲避亂倫的婚事，公主不得不穿著驢皮逃亡。

象將能完好無傷，而憤怒則被投射到巫婆、繼母、讓他們犧牲和恐懼的壞女人上。我們可以不太有罪惡感地殺死一個巫婆。這些童話的訊息很清楚：孩子沒有對媽媽生氣的權利。這些故事包含了某種更深刻的無力的憤怒。許多童話都是為了嚴厲和權威的教育服務，它們保護父母的理想形象，扭曲現實。

這些故事中，有什麼可以幫助孩子建構自我？為什麼要給孩子這些可能會令人恐懼的形象？為什麼不讓孩子選擇他們自己的象徵？當然，只有那些已經遇到類似問題的人才會以戲劇性地方式體驗這些童話。但究竟有什麼好處呢？為什麼不選擇現在的故事？現在有很多精彩美好的故事。

孩子喜歡害怕的感覺？

有些人這麼認為。恐懼有某種魔力。但這不表示孩子喜歡令他們害怕的事物。載著我們飛往度假地點的飛機上正在播放一部科幻片。我兩歲的兒子阿德里安從椅子上站起來，一邊嘀咕說：「我不喜歡這個怪物，我不想看到它。」我試著讓他坐下，這應該足以讓影像從他的視野中消失。但沒辦法！他著迷了。我轉過頭去。四歲的瑪歌也站著，完全被銀幕上移動的可怕九頭蛇吸引。他們沒有為了看影片中的其他段落站起來過，也沒有戴上可以讓他們聽到聲音的耳機。那一刻，他們被古怪的影像迷住了。

當我們害怕時，必須要制止情緒，瞭解情緒。為了安心，最好去看、去面對、去辨識發生的事。阿德里安又說了好一陣子九頭蛇的事：「我不要那個怪物，牠很壞。」然而在當下，我們無法讓他轉移視線。

不幸的巧合是，阿德里安隔天收到了迪士尼的大力士故事書。這是一則充滿怪物的故事，其中一個是和電影中類似的九頭蛇！阿德里安想要一遍又一遍讀這本書。他特別「喜歡」有怪物的那幾頁。事實上，他需要看到怪物來讓自己安心，讓自己能控制它們。他開始每天晚上都做惡夢，直到我找出罪魁禍首。我於是鼓勵阿德里安把惡夢畫出來，我也把書拿走，說等他大到可以看見怪物而不害怕時再看。從這時候起，惡夢馬上就停止了。

隧道裡的龍

隔年夏天，我們去參觀洞穴。

「不要，我不想進去，我不想要龍！」阿德里安拼命抓著我。

幾分鐘前，他才因為要去參觀而興奮不已，當通往昏暗洞穴的大門開啟時，他卻拒絕進入。對他來說，洞穴裡有龍，這是一定的！他很害怕，緊緊抓著我。我進去了，把他抱在懷裡，又一直跟他說話。以輕柔動人的話語沐浴孩子能幫助他感到安全。一會兒後，當他發現洞穴裡確實沒有龍時，他開始生氣：

「我要龍！我不要這個洞穴，我不喜歡！」

這次遭遇讓我無意間找到了他害怕隧道的原因。一個月前，我們去了迪士尼樂園。那裡的一個洞穴中，有一條會轉頭和噴出白煙的機器龍，它看起來逼真到在阿德里安的眼裡像是活的；儘管我努力告訴他龍的機械結構，他還是堅信那個怪物是真的。我承認，在那當下，我低估了這件事的重要性，所以在阿德里安想要回去看龍時，為了不讓他再次害怕，我選擇不帶他回去。畢竟樂園裡還有那麼多東西可看！

只是從那一天起，他開始在每次搭車經過隧道時感到害怕。只要我們進入隧道中，他就哭：「我要出去，我不要被關在裡面，我不要隧道！」

「隧道裡面有什麼讓你不喜歡嗎？」

「有龍，我不喜歡龍。」

因為不可能讓他承認龍是假的，我嘗試了另一個選項——探索他的力量：

「如果你看到龍，你會怎麼做？」

「我會殺掉牠，我會砍牠的肚子，我會給牠禮物，我會馴服牠。你等著瞧，牠會讓你害怕……」

藉由說出自己會對龍做什麼，阿德里安漸漸控制了自己的恐懼。他不再手足無措。不過，他還是不太想遇到龍，也還是不確定這些怪物是否隸屬於想像的世界。

在參觀洞穴，特別是重新提起迪士尼的龍後，阿德里安進入隧道時不再擔心。從此以後，他注意到所有的隧道，會談論它們，但不再害怕。

怕蜘蛛、昆蟲、貓狗，和其他恐懼症

最無害的影像都能引發恐懼症。幼兒還無法為影像設下邊界，他無法清楚辨認出輪廓，而只要呈現的速度稍微快一點，音樂稍微太大聲，就會引發恐懼。我曾說過一位女士因為四歲時獨自看電視播放的紀錄片，而產生蜘蛛恐懼症的故事。

在我們的國家，在自然環境中遇到的蜘蛛並沒有危險，牠們反而能替我們防蒼蠅和蚊子。但牠們卻惡名昭彰。蜘蛛織網，麻痺獵物；牠可以象徵一位過度干涉，讓人難以逃離的母親！

孩子並不是天生怕昆蟲；他們能用手拿昆蟲，發現牠們會弄癢自己。一切都取決於身旁的人對這些昆蟲的態度，因為恐懼是非常容易傳染的。如果另一個人會害怕，那表示這一定是危險的，我最好也感到害怕。

不合理或過分的害怕，常常是把其他的焦慮，投射到與真正令人害怕的對象或被壓抑的憤怒相去甚遠的對象上。

害怕地窖或儲藏間

如同害怕蜘蛛一樣，這是典型的由父母或其他孩子（堂兄弟等）傳播的恐懼。話雖如此，地窖確實是個不尋常的地方。與家中大部分的房間不同，我們不會去那裡。我們只在要找什麼時才會去地窖，不會在那裡多做停留，所以那是一個要逃離的地方。而且那裡又濕又冷，氣氛陰鬱，陰沉昏暗，沒有窗戶。避免恐懼的最好方法是自願去地窖。孩子很快就會發現，父母其中一方總是會把某些工作交給另一方，如果有人不想去地窖，那表示內有蹊蹺！地窖是神祕又危險的地方。

許多父母童年時都曾在地窖度過糟糕的時光，那是經典的懲罰。潔哈婷小時候常常被關在地下室，而她的父母卻住在五樓！你能想像她的驚恐，能想像在地窖度過的那幾個小時中，她體驗的無名恐懼嗎？她知道喊叫沒用，她甚至聽不到房子傳來的聲音……只有幾隻老鼠、纏著她頭髮的蜘蛛和濕氣。

宇貝十五歲時被遺忘在學校的地下室一整晚！因為校長覺得他不夠認真而把他關在那裡，結果去忙了其他的事情就忘了在放學後放他出來。直到宇貝的父母發現孩子還沒回家，非常擔心而開始找人時，學校已經關門了。這是三十年前的事，校長沒被追究，男孩繼續去同一所學校上學，但他再也沒有被送到地窖過。

只要一點小事，哈維就會被關在地下室或車庫陰暗的儲藏室。為了不讓他感受到門縫下的光，他還被命令要待在地下室階梯的最下面——當然，要罰站！若違反了，就得再多加好幾個小時。懲罰時間太長時，他們會拿一小塊麵包給他，免得他餓壞了。但如果他哭或發出一點聲音，馬上又會讓他的父母再次大發雷霆，身上還會挨鞭子。

當一個人經歷過這樣的事，要如何教孩子探索地窖的樂趣？

他很害羞？

大人把大部分幼兒在開始與人接觸前需要的那幾分鐘稱為害羞。藉此，他們隱藏了在面對還不懂遵守社交慣例的孩子時，自己的不自在。明明是沒有自動出現的「你好」讓大人慌亂了，但終究卻是孩子被形容成害羞！別任憑這個標籤貼在你的孩子身上，它很可能讓他覺得自己不正常，讓他永遠都害羞。而對那些說他害羞的人，請反駁：「不，他只是需要一些時間來認識你。」

每個孩子都需要一些時間來掌握正在發生的事與建立安全感。對大人來說，或許比較喜歡看見孩子問好，而沒有真正注意對方是誰。但比起責任和真正的禮貌，這更是服從和無意識行為的特徵。

必要的觀察時間依每個孩子、大人的態度，和當下狀況而異，有時可以長達二十分鐘。孩子需要依照自己的節奏，在他認為適當的時刻，主動接近對方。

孩子害怕學校、老師、成績……該怎麼做？

聆聽他的真實狀況。他真正害怕的是什麼？你的反應？你另一半的反應？老師的反應？其他孩子的反應？

如今，評量被看得太過重要，許多父母很難接受孩子成績不好。在孩子最需要有人聆聽他的困難，感到被支持、鼓勵時，父母開始以將來會失業來威脅。一個平常的零分就讓他們想到沒有出路的未來。這些都無法幫助孩子有信心地面對考試。

事實上，在成績焦慮的背後，孩子害怕的可能是老師、老師的眼神、意見和評價。太多老師運用貶低的方法。對某些老師來說，羞辱是一種教學法！

他怕老師？他不想回去上學？**請聆聽你的孩子**。千萬不要總是站在老師那邊。如果他害怕，那是因為他對某件事有不好的體驗，重要的是去瞭解是什麼事，好幫助他面對或保護他。

別擔心因為你不同意他的老師而讓孩子慌亂。即使他一整年都得承受同一位壞導師，知道你認為老師不公平能幫他不再看輕自己，維持自信。感受到你的支持將能讓他保持距離，不讓自己被摧毀。

學校禁止體罰，不幸的是，許多老師承認還是會拉學生耳朵，甩學生「他應得的」巴掌或打手指……

在法國，牆角罰站、罰寫作業、侮辱性的懲罰自一八九〇年就禁止了！當老師都不守法，要怎麼要求學生守法？

如果他的老師太誇張，請採取行動，要求他遵守法律。不要讓你的孩子累積不公平感和無力感。這種內心氣氛對他的學業和他的情感發展都沒有幫助。

十二歲的克拉拉被老師說成「胖子」。五歲的保羅因為沒理解一道指令而被當成「智障」！「小混蛋、沒用、白痴、你閉嘴」仍太常出現。這些侮辱是不能容忍的。孩子通常不敢告訴父母。要坦承自己被羞辱並不容易。

不要把教師威權、不公平、諷刺或威脅平常化。請明確地站在你的孩子這邊。沒有一個大人——就連他的老師也一樣——有讓他痛苦，傷害他，嘲笑他的權利，當然，也沒有打他的權利。視狀況和嚴重性，你可以幫助子女找到對令人不快的意見的回應，去見老師並要求他改變態度，或是提出申訴，讓孩子轉班，甚至轉學。

太多父母不介入，他們心想這不會持續，離下學年只剩幾個月……不過，如果什麼都不做，他們孩子的心會烙印下羞辱，就算不再與這位教師有接觸，往後還是會繼續把羞辱留在腦海裡，繼續聽見羞辱人的句子。

克里斯多福的數學成績很差。三年前，他的老師常對他大吼，也常常在全班面前羞辱他，他的成績因而下滑。他確信自己是壞學生。他的母親站在老師那邊，告訴他老師吼他是因為他成績不好，要刺激他。她沒發現一切正好相反。

三年後，他換了老師，但成績依然糟糕，第一位老師傷人的話語已經留在他腦海裡！而且，他會在路上碰見他。對他來說，這是不散的陰魂。當他看見那位老師時，他會換人行道，而且從來不敢抬頭看他。

我幫克里斯多福更實際地思考和理解這位老師。是什麼讓他如此大吼，羞辱一個小男孩？很明顯地，他活得不自在。為了重建平衡，我們建構了一個畫面。我請克里斯多福想像那位老師戴上紅鼻子，穿著花褲。在兩次治療後，他找回了自己的數學能力。他需要的只是重建真相。糟糕或不夠水準的不是他，而是那位老師。擺脫了負面信念的重擔和羞辱的後遺症後，他重新找回自己的智力表現。

請幫助孩子放鬆和想像一部短片來驅除累積的負面情緒，幫助他重新建立自己的完整性。在心智中，在幻想中，我們可以把對方碎屍萬段、朝他頭上潑一桶水、把他的鼻子塗紅、頭髮塗藍、看他一絲不掛或穿著綠底粉紅點的服裝……什麼都行，這樣能讓孩子解脫。

恐懼也可能來自朋友。費德利克因為成績太好而害怕。對他來說，成績不超過巫濟是很重要的，巫濟很在意班上排名！

孩子可能會在操場或教室裡被嚇到，害怕某個人（大人或小孩）或某樣東西，害怕失敗，害怕到髒的洗手間上廁所，害怕去要衛生紙……每種恐懼都需要專門的處置。請聆聽他！

3 度過恐懼

瑪歌四歲半。天氣晴朗，我們在游泳池。她穿著浮力泳衣。六個月前，她很開心地在腳踩不到底的海裡玩水。但現在，到了第三天，她還是緊抓著我：

「我怕，不要放開我！」

首先，請接受她。

「我知道你害怕，你很久沒游泳了。」

接著，幫助孩子找到自己的能力。

「你記得在馬丁尼克島的時候，你穿浮力泳衣開心地游泳嗎？我們游了很遠，游到你腳踩不到底的地方，而且你還放開我！」

注意你的語氣！我的語氣是敬佩的語氣。我的意圖絕對不是要用暗示她很傻，因為她之前曾輕易辦到過來讓她愧疚，而是要幫她回想起來，讓她找回自己的能力和感受過的愉悅，讓她產生渴望。

「嗯……」

她在渴望和害怕之間擺盪。提起能力還不夠。我在她的過去中尋找其他回憶。

「你記得有一次你很害怕，但你克服了害怕嗎？」

「嗯。」

「那一天你是怎麼克服害怕的？你記得你有多以此為傲嗎？你感覺到那份驕傲嗎？」

「嗯！」

分享自己的恐懼來讓她安心。

「你知道，我也會害怕，我很怕大型滑水道。你看到了，爸爸去滑了，但我沒去。我太害怕了。但是我知道它不危險，就像你穿浮力泳衣一樣。」

鼓勵她、激勵她去克服。

「有時候我們會害怕，但我們還是去做了。我們可以帶著恐懼去做，然後克服恐懼。讓我們互相鼓勵。你克服你的恐懼，穿著浮力衣到大池游泳，我克服我的恐懼，去玩大型滑水道！」

「我想出去！」

好。絕對不要堅持！

她需要時間來真正為自己做決定，而不是為了讓我開心。在這個例子中，因為我真的害怕大型滑水道，而她也知道，所以比較容易。她知道如果她去大池游泳，會讓我面對並不容易的事。害怕是一種負面的期待，我們需要把它轉變為渴望，也就是正面的期待。這種轉變的過程，只有在孩子覺得能自由選擇時，才有可能發生。

她脫掉泳衣，我們把身體擦乾。

一會兒後，她說：

「媽媽，你幫我穿浮力泳衣！」

瑪歌自己選擇去游泳是最根本的。「我要去」的決定，是把抑制性恐懼轉變為激勵性恐懼的開關。

我幫她穿上泳衣，她非常堅決地往泳池走去。她勇敢且顯然沒有太大困難地克服了緊張，沿著大池的階梯下水，朝池中游去！她用雙腿打水，用手臂推進。她在游泳！她顯然很開心。不久後，她突然朝我喊：

「媽媽，現在換你去滑水道！」

「好，輪到我了！」

在尖叫著從大型滑水道滑下來後，我替自己感到驕傲。我把這件事告訴她，她回答我：「我也是，我很開心有到大池游泳。我現在好喜歡大池。我們再回去嗎？」

自豪能讓成功和自信生根，讓她為自己的成功自豪是很重要的。

能讓孩子安心的並不是身邊的人從來都不害怕，恰恰相反，是知道每個人——甚至是大人和他的父母——都有感到害怕的時候。

一個以為只有自己會害怕，想像自己的父母不會有這種情緒的孩子，會很容易覺得自己「不正常」。當然，這會加重他的不安全感。

採用陪伴情緒的不同步驟

1・尊重情緒

這是讓孩子信任你的條件。永遠要尊重他的情緒，即使你認為他的情緒不理性。孩子在害怕，這無關對錯，他有一個（或數個）讓他害怕的理由，即使你或他都還不知道是什麼。

2・聆聽

「你在怕什麼？」

「你最怕什麼？」

請提醒自己，「我怕狗」是很模糊的答案。是怕狗叫？怕狗突然的動作、狗的舌頭、嘴或眼神？怕狗咬他、在他身邊跳來跳去熱情迎接他，或是用濕濕的大舌頭舔他？

聆聽不只是關心地聽，也是幫助孩子表達自己的真實狀況。請注意不要用「為什麼」的句型來讓他動腦，這種句型會促使他給你一個可能，但未必與他的真實狀況有關的理由。請從「孩子不知道恐懼的真正原因」這個原則出發。透過你的聆聽，你將幫助他發現恐懼的原因；也就是透過「是什麼」、「如何」開頭的問題（這類問題會在第十章〈與孩子一起更快樂生活的構想〉中詳細說明），來陪伴他尋找原因。

3・接受與瞭解

「我知道你害怕，這隻狗很吵。」

承認孩子的情緒。向他展現你的認可，他有權利感受他所感受到的情緒。不要試著「治癒」他的恐懼，也不要試著替他解決問題。表現出同理、共情，這就是他所需要的。

你會陪伴他試著戰勝恐懼，但只能依照他的意願。所有來自你的期待都會阻礙這個過程。

4・我也是／緩和狀況

當他說出自己的經歷後，你可以跟他談起你自己現在或過去的情緒，談起當你自己也還是小孩時的情緒。你也有相同的恐懼嗎？還是有別的恐懼？請與他分享。不要假裝，請告訴孩子真相。最好選一種你的孩子沒有的恐懼，讓他能覺得自己在這方面比你強，這能幫助他迎戰自己的恐懼！

5・尋找他內在與外在的應變能力

我們都曾有過經歷與克服恐懼的經驗。

「你記得你曾經害怕過某件事，但後來你不再害怕了嗎？」

如果孩子沒有自動回想起來，你可以幫助他：

「比如說，史蒂芬第一次邀你去他家過夜。」

給他時間回想和喚起那時候的感受。

「然後，你決定去他家。你還記得你是怎麼做出決定的嗎？你記得發生了什麼嗎？你回家的時候很開心。你記得嗎？」

「你看，你曾經害怕過一件事，然後你克服了。你知道該怎麼把那次經驗用在你對這隻狗的恐懼上嗎？」

給他幾分鐘時間思考。

6・幫助他釋放精力

當我們害怕時，橫膈膜會收縮。所有能讓橫膈膜放鬆的辦法——深呼吸、唱歌、尖叫、笑——都能幫助我們排除恐懼：鼓勵孩子深呼吸，直到把壓迫感排除。可以唱歌或和你的孩子一起叫，幫助他把聲音發出來。他會覺得自己有力量，並準備好去迎戰逆境。

如果他做不到，如果他太壓抑而不敢大叫，你可以請他想想看在相同狀況下不會害怕的人，可以是一個朋友、朋友的爸爸、肉販、修車工人、某個英雄人物或電影明星……邀請他想像他們的行動，然後想像自己進入角色中。幫助他感覺強而有力，感到自在。

「你感覺到自信和力量嗎？我相信你能確定那是你自己的力量！」

7・滿足資訊的需求

孩子接觸到自己的能力了。他也需要接收資訊，比如，知道這隻狗危險與否。害怕的人需要保證和資訊。但如果資訊給得太早，它會完全被忽視。這也是為什麼解釋常常是白費心力。首先，你需要聆聽他的情緒，陪伴孩子接觸他的個人能力。只有在這之後，孩子才會注意聽你的解釋。但更好的還是由他自己找到解釋。

「你要怎麼知道牠危不危險？」

幫助他思考。例如，和他一起去圖書館借一本關於狗的書，提供他所需要而無法自己一個人輕易找到的資訊。他甚至可以把這樣的狀態轉移到其他狀況中；在尋找中他越自主，在面對恐懼時就越能感到堅定。

8・發展出面對恐懼時可能的不同回應

依據脈絡與狀況，你可以停在一個滿意的解決方法上，或是要他說出好幾個選項。請注意不要評論他的構想是「好」或「壞」，要由孩子自己去評估它們的影響。

「對，你可以問狗的主人你可不可以摸牠，這是一個辦法。你還能有不同的作法嗎？」

逐一提起和評估孩子提出的不同答案：

「如果你這樣做，會發生什麼？你會比較不怕嗎？」

「怎麼樣會讓你想要摸摸小狗，克服你的恐懼？」

害怕嗎？請想想「渴望」。有什麼能讓他足夠渴望去面對小狗、水或滑水道，而不再被恐懼控制？重要的是，你的想法中不能給他任何壓力，你不能期望孩子在你面前克服恐懼。否則，他會覺得受制於你的期望，而**限制產生恐懼**！只有自由選擇才能產生能控制環境的感受，也才能建立克服恐懼的條件。

4 運用緊張

這是學校在市政府舉行期末公演的前一天，預計會有三百名觀眾。瑪歌什麼都沒跟我說，但我知道在觀眾面前演出對每個人來說都是震撼的，更何況是第一次上台的四歲小女孩。如何替她為這次經驗做最好的準備？

「要在大家面前跳舞你會怕嗎？還是你感覺不錯？」

「我有點害怕。」

「嗯，有點害怕是正常的。我一直想跟你談談，因為我也一樣，在很多人面前演講的時候也會有點害怕。我會心跳加速，腹部緊繃，口乾舌燥，手心出汗。事實上，當我有這種感覺時，是身體為了要說話在準備。為了讓我們有精力去跳舞、唱歌或演講，身體裡面會發生很多事。你有過這樣的感覺嗎？」

「狗在叫的時候我也會心跳加速。」

「那是害怕的表現。害怕能讓我們充滿精力來面對危險或做好準備。其實，我們在準備的時候感受到的害怕叫做緊張。這是正常的，所有人在這種時候都會感覺到。當你要上台時，你會緊張，因為你的身體準備要做出最好的表現。當我有這種感覺時，我是高興的，我知道我的身體在做準備。我會深呼吸，感覺自己的雙腳穩穩地踏在地上，然後看看觀眾。我告訴自己我愛他們，我很開心能跟他們說話。然後，在腦海裡，我向他們傳送光線，讓自己覺得與他們接觸。這是我的作法，這個辦法幫助我在心跳太快的時候放慢下來。你可以有你自己的想法，試試看不同的辦法。總之，當我開始演講時，我用了我體內的精力，然後所有的緊張都消失了。你呢，你有什麼可以讓自己感覺比較好的想法嗎？」

「嗯，我有一個想法。」在思考了幾分鐘後，她容光煥發地說。

她沒跟我多說什麼，但幾天後，她顯然很高興能上台表演。她真的看著觀眾，開心地跳舞。她的老師還得提醒她下台的時間到了，好讓剩下的表演能繼續進行。

有些害怕是有用的（它讓身體準備行動、宣布有危險），但有些害怕是心裡過度誇大，例如：害怕並不具危險性的蜘蛛；看到工人在街上操作很吵卻不會有危險的電鑽；害怕關在籠子裡的狗會跳到我們身上；套著游泳圈時卻害怕溺水……

有用的害怕需要被尊重與聆聽，而有些害怕我們可以自己決定去克服，而且在那之後，我們會為此深感自豪。

5 他很膽小？

恐懼已在他心裡扎根了？孩子在許多狀況中感到擔心，甚至羞怯？他因為一點點小事就恐慌？他正在形成情緒習慣，也就是膽小的「個性」，這些狀況都要馬上幫助他嗎？

這份勝過其他所有情緒的恐懼，可能有多重根源。

對父母過度保護的反應

「小心，你會跌倒。」

「不要走在那上面。」

當父母試著讓孩子避開危險時，他們也同時矛盾地向孩子傳達了「世界是危險的」和「你做不到」的資訊。

請保持一致性，避免讓孩子常常會收到相互矛盾的訊息。父母灌輸他們「去吧，別怕」，但當他們採取了一點自主權，父母就以擔憂語氣冒出：「小心！」一邊是「去，去跟那位太太問好」，另一邊是「千萬別跟陌生人說話」。孩子到底該如何是好？

有的孩子需要花點時間才能與新的人接觸，並且會先觀察自己要與誰打交道才去親吻對方，我們說他太害羞、怕生；但一個毫不害羞地奔向所有靠近他的大人的孩子，父母卻用責備的語氣說：「他竟然可以隨便跟一個人走！」

不妨衡量一下孩子面對這雙重的拘束時，會有什麼感覺！

他可能會被朋友咬或打，他可能會有瘀青，有會持續好幾天的傷痕，也可能會從蹺蹺板摔下來、從小矮牆上跌下來，他會有點痛，所以呢？這不太可能會太嚴重！有時候，幾處瘀青更能讓他記住這些要他謹慎小心的善意忠告。

如果太想避免所有的傷害，我們可能會造成更大的傷害，讓自尊破裂，讓自我形象衰弱，讓他對能力的感受變質。

現在，公園都有保護設施，雖然我們不可能永遠排除受傷的風險。比起讓孩子一直坐在長椅上，最好教他站穩、跳躍、跌倒、測試自己的平衡感和能耐。否則，他可能會一輩子都留在長椅上。

心靈的瘀青可能比身體的小傷更嚴重

父母的過度保護會導致抑制或風險。太多的禁令可能會矛盾地讓孩子需要去探索自己的極限。當他終於被賦予自由，或是當他終於取得自由，比起其他已經有機會逐漸面對自己的極限，並學到責任感的孩子，他可能會更為魯莽。

通常，停止過度保護孩子就足以讓他感受到新的許可。請信任他，他將會覺得自己值得信任。

請注意，不再過度保護不代表讓孩子自己面對困難，而是必須區分出父母的焦慮和真正的危險。

為了幫助孩子，請意識到自己的態度和過度保護或貶低的句子，並克制自己。請相信他。

壓抑憤怒

他的怒意強烈，但他自己或他的父母不准他表現出來，甚至不准他去感受。孩子會因為感覺憤怒而感到糟糕，他會把憤怒轉向自己，評斷自己，覺得自己可笑、弱小、不夠格。

許多老大會比弟弟妹妹更害羞。他們不允許自己表現出嫉妒，於是也壓抑了對從身邊搶走媽媽的弟弟妹妹的憤怒。

感到憤怒而不能表達出來的孩子，會害怕自己的暴力和別人的報復。為了保護自己免於這些太過強烈、會讓自己有罪惡感的情緒，他拒絕感受自己的憤怒，把憤怒歸於身邊的人。他害怕其他人，因為他們帶著他的暴力；他害怕人（他們會傷害我）、朋友（他們會笑我）、狗（牠會咬我）、貓（牠會抓我）……

表達父母否認或壓抑的恐懼

孩子非常注意父母害怕的事物。如果你在街上因為看見某個他不認識的人而嚇一跳，如果你因為要去打招呼而擔心，你的孩子馬上就會感受到。如果他意識到正在發生的狀況，他會問你：「媽媽，你怎麼了？」不然，他會擔心地看著四周，感到害怕，但無法真正找到原因。

吉雍三歲。他害怕所有新的事物，不敢自己接近別人。我很快就發現吉雍的父母朋友不多。他們很少出門，不帶吉雍去商店、搭地鐵、去商場。他們保護他，深信那些不是對孩子有幫助的地方。那些確實不是能讓孩子特別開心的地方，但它們是現代社會日常生活的一部分。雖然不用每天帶孩子去，但徹底避開這些地方會有問題。

為了緩解膽小的孩子某項不屬於他，但似乎反映出我們自己恐懼的恐懼，如果能和他談談我們自己，並讓他知道不必為我們的情緒負責，這將會有所幫助。當然，治癒我們自己的恐懼是更有效的（在那之後也會覺得非常舒服）！

優蘭娜為了女兒來找我諮商，她女兒害怕學校的操場。事實上，害怕的人是優蘭娜。她害怕女兒經歷她自己在學校經歷過的事。認出這份恐懼後，她自發地和女兒達芬尼談起自己過去的恐懼，並清楚地告訴女兒，她不必處理媽媽的恐懼。隔天放學回家後，達芬尼非常開心地告訴媽媽：

「媽媽，我把你的害怕還給你。」

從那一天起的轉變很驚人。達芬尼再次變得很快樂，所有擔憂都消失了。很神奇嗎？不是的，只不過是正確的答案能迅速釋放孩子身上的能量。

如何幫助膽小的孩子？

1. **別再說他膽小！**那只是一個有很多恐懼或不敢生氣的孩子。再說，難道不是你不准他生氣嗎？

2. **要讓他有信心：**

＊提議符合他能力的活動。

＊允許表達憤怒的途徑。

＊鼓勵他的創意。

＊找到排除各種評價、評量的活動、場所和遊戲。現在有越來越多不同的工作坊是能讓孩子探險、製造、表達，而**不給孩子任何評價的（無論正面或負面）**。阿諾．史坦（Arno Stern）的表達工作坊就是這類型的例子。我們可以在那裡畫畫而不被評價。那裡完全尊重孩子，完全尊重他的節奏、過程和需求。他們給予孩子高度的關心。

3. **與大型動物接觸通常是很有幫助的**。小馬和狗不會評價，不會要求，牠們讓孩子依照自己的節奏接近，牠們信任孩子，孩子因此感到放心。

4. **電腦也不會評價孩子，還表現出無限的耐心**。孩子可以反覆一做再做，電腦不會有任何不耐煩的動作。只要沒有大人監視「結果」，孩子可以開心地探索，他可以自己用滑鼠來探險，在不知不覺中，逐漸建立對自己能力的信心。

5. 衡量你自己的恐懼，治癒它們。

簡單來說：

別強迫孩子太過直接面對他的恐懼。給他用自己的節奏迎戰恐懼的方法，而且只能由他自己選擇去克服。

PART 5

憤怒有助於認同感

有多少父母曾因為小寶貝在公園或超市的地上邊叫邊打滾，而遭受到現場其他大人充滿責備的眼光？

然而，憤怒是面對失望時自然而健康的反應。

1 憤怒是健康的反應

三歲的露西臉揪了起來。「不公平，我想去！」她滿臉通紅，拳頭緊握。她在生氣。她不願接受數隻數隻的結果是姊姊能去騎單車。在三歲時，即使數隻數隻這麼說，露西還是想去騎單車。她很失望。

數隻數隻唯一的好處是，它不是由大人做出的選擇。它是隨機的，建立在偶然上，不涉及父母對哪個孩子的偏愛。但父母不能期待一個年紀這麼小的孩子毫不抱怨地接受自己的命運。

「媽媽，拜託，我的冰淇淋吃完了，我還想再吃一支。」

「不行，一支就夠了。」

想像一下一個三歲的小孩說：

「好吧，媽媽，我知道一支就夠了。」

你會有什麼感覺？

你應該會覺得有點不自在。孩子不僅沒有堅持自己的渴望，還把它取消了！

這樣的孩子以後可能不容易知道自己想要什麼。他會常常自問該做什麼、什麼是好的或壞的，但對於自己真正想要什麼不會再有任何想法……他常會讓別人來指引他的生活，他需要皮耶、保羅和賈克的意見來做決定。

當孩子為了要冰淇淋而堅持、尖叫、大吼、發脾氣，他是在表明他的渴望，而這很重要。

當然，對於已經累了一天，或已經忘了自己的憤怒的父母來說，這樣很吵，很受不了。我們很可能用暴力來回應孩子的苦惱，也因此讓他確認了表達憤怒是不受歡迎且危險的。

說「不，我要！」是持續地表達我在這裡和我有權利。如果對方拒絕，那是他的問題，但我知道我有渴望的權利。孩子不一定需要自己的渴望被滿足，他只是想要它們被承認，想要他的情緒被聽見。

胚胎的養分來自臍帶，他的營養需求會自動地滿足。他是母親的延續，他甚至感受不到自身需求的出現（至少，我們目前這樣認為）。

出生後，食物不再如此規律地出現。當他感覺身體不舒服時，他會哭叫。他還不知道那是什麼感覺，但媽媽稱之為「餓」。她餵他，他飽了，舒服了。

如果媽媽沒出現，他會哭叫得更大聲。他在抗議，因為他想要媽媽來。他的憤怒是一道呼喚，他堅持自己的需求，並試著讓媽媽出現，重建連結。

憤怒太常被視為與對方保持距離的方法。但暴力才是！憤怒則恰恰相反。憤怒是需求的表達，是向對方提出請求，以期重建平衡。

哀傷的步驟

憤怒也是哀傷的第一步。**當孩子因為無法得到某項物品而開始生氣，他的情緒能讓他自我恢復和接受失望。**在向孩子好好解釋了完全不可能給他某樣東西，而孩子開始生氣時，某些父母會感到惱火。他們不知道**生氣是孩子接受失去的過程中，必要、自然且正常的步驟。**提醒一下，接受的步驟是：

1. 否認
2. 憤怒
3. 討價還價
4. 悲傷
5. 接受

這些是自然而重要的進展。接受要經過憤怒。

在要求出現前就予以滿足，一方面可能會讓孩子無法感受自己的需求，另一方面會讓他無法健康地學習失望。太過注意迎合孩子任何一點渴望的母親（比起父親，母親更常陷入這個小缺點），可能會讓孩子難以建立自我認同感。適度的失望是有建設性的。所幸，我們不可能每一次都滿足孩子。有時候，家裡沒有冰淇淋，而所有商店都關門了；有時候，兩個孩子得共用一部單車、最喜歡的盤子摔破了、媽媽得去上班、朱利安的朋友不在家……

因此，某種程度的失望是難免的。只要孩子的情緒，特別是憤怒被聽見，它也是會有幫助的。

不公平、莫名或太嚴重的失望則可能有毀滅性。

嬰兒依賴母親，沒有媽媽他活不下去。如果媽媽不快點出現（幾分鐘內！），恐懼——被拋棄、連結斷裂的恐懼——會取代憤怒。對小寶寶來說，時間並不存在：他活在當下，五分鐘對他來說彷彿永恆。他沒辦法想像是什麼讓媽媽脫不了身。一段時間後（長短依照寶寶過往的經驗而異），如果沒有人出現，他會認命接受。他安靜下來，自我封閉。他的身體會留下「我沒有這麼做的權利」、「我不重要」，甚至「我是壞孩子」這樣的印記，因為他很需要找到媽媽不來照顧他的理由。他還無法進行有意識的推斷。整個過程仍是無意識的，但如果這個過程太常重複，這個信念可能會影響他一輩子。

讓一個小小孩獨自哭泣，是讓他陷入可怕的情緒中。

需求／要求／滿足必須是最常出現的順序，才能讓孩子記下你愛他、重視他，因為他的要求是可接受的，所以他是一個好人，以及他可以很安全地面對這些感受。

有時，我們無法滿足他的要求，但最基本的是，他的憤怒永遠必須被聽見。

面對不公平

憤怒也能讓我們正視不公平，這是面對侵犯的反應，是對我們不願容忍之事的抗議。憤怒有助於身分認同，它讓我們能捍衛自己的領域、身體、想法、價值和完整性。它給予我們表明自我，說「不」，和感覺自己是自己的力量。一個感受不到和不懂得表達憤怒的人，常會覺得自己是受害者，在生活中無能為力。為了感受自己的力量，為了讓自己被尊重，為了能面對失望而不被欠缺之苦摧毀，為了重建和諧的關係，表達憤怒是必須的。

和諧是透過交鋒與對話獲得，而不是由沈默和否認自我而來。

若你拒絕我的要求，我們的關係中便有什麼被破壞了。我開始生氣，好讓你知道那對我來說有多重要。憤怒的目的是重建連結！別打破連結。請維持連結，保持關注、細心和尊重。

許多人把憤怒和暴力混為一談。暴力是毀滅性的，相反地，憤怒是建設性的。

我們缺乏字彙來釐清這項差別。如果說攻擊性（agressivité）的字源意義是正面的（朝向、向前）[9]，如今，它卻只有負面的含義。在此，我要保留「憤怒」這個字來稱呼對生物有益的攻擊性表現，也就是為了保護生命的攻擊性。憤怒是面對他人時的自我確認，是確定不可逾越的界限，是拒絕那些會讓我們痛苦的事物。

因為我們不知道如何處理憤怒，我們開始使用暴力。暴力與憤怒截然不同，事實上，兩者是相反的。我的憤怒只涉及我自己和我的需求。

暴力則面向他人，它指控、試圖傷害或摧毀人。我感受到需求，我將它表達出來，但我未得到滿足。我因此感受到內心的空虛，我缺了什麼，我不好受。暴力源自於為了保護自己不受太強烈情感的影響，而將它們投射到他人身上，透過指控，把不滿的情緒歸咎於他人。

當不滿的情緒太過強烈，我開始害怕自己被它摧毀。於是，我試著把我的感受投射到他人身上，並指控「你很壞！」**事實上，暴力是壓抑憤怒**，無法容忍自身強烈的情感負荷，累積無力感與恐懼所造成的。即便它歸根究柢始終是需求的表達，但它掩蓋的多過它揭露的。

暴力是為了讓訊息被聽見的終極嘗試，但訊息被高度偽裝，以至於少有人能瞭解。誰會聽到攻擊老師的高中生的痛苦？誰會聽到一個塗鴉、搶劫富人的郊區年輕人的絕望？他們都試著要讓人注意到他們的經歷。他們在說自己的生活是難以忍受的。但誰會聽？

投射是普遍的初級防衛機制。「你很壞」標記了孩子難以承受失望帶來的不滿情緒。漸漸地，在得到適當的關心，他的渴望和需求獲得尊重（而不是一貫地滿足）之後，孩子不再需要把情緒投射到他人身上。因為他試驗過，他會知道自己可以生氣，可以發洩怒氣；他知道自己沒被憤怒摧毀，也沒破壞與父母的連結。

父母之所以經常猶豫要不要聆聽孩子的憤怒，那是因為他們把孩子的憤怒列入權力之爭中。他們與孩子競爭，忘了自己的大腦比孩子的成熟許多，陷入「輪不到你做主」、「我還不至於被一個小孩牽著走」的想法中。

因為他們自己小時候沒有權利表達憤怒，他們舊時的憤怒根植心中，準備好重新出現——這令他們恐懼。更何況，在憤怒背後，是他們童年的痛苦，是未被理解、聆聽，未被愛的痛苦。

壓抑孩子的憤怒，是為了繼續掩蓋父母的兒時記憶，掩蓋父母內心的孩子。

作為處理失望的工具，憤怒不該抹滅，而是要去體驗、感受、經歷。

因此，有健康、非暴力、有建設性的憤怒，以及不適當、過度、暴力、毀滅性的憤怒。前者需要聆聽，後者需要解讀。**兩者都需尊重，因為它們都在指出需求。**

9. 字源為拉丁文ad-gressere。

2 解讀需求

我的兒子阿德里安一歲半左右時，在蒙帕拿斯車站的書報店發了一次最大的脾氣。那天，我們要出發去度假，當時是下午兩點，阿德里安在計程車上睡著了。到車站時他被叫醒，他的午覺才短短半小時就被打斷。他馬上就對周圍環境感興趣，四處張望，那時候也沒表達任何不滿。因為還有一點時間，我們便去買雜誌。

在書報店裡，他很快就看上了一包在我看來有太多化學添加物的糖果。我不想買給他，所以試著跟他討論。我提議了各式各樣其他物品，像是小汽車、小機車模型，但都只是白忙一場。他大吼大叫，在地上打滾，如果我想碰他，他就掙扎。他「失控」了。我從來沒見過他這樣。我該怎麼做？

買糖果給他是一個選項，但我覺得那是最糟糕的。一方面，那對他的身體真的不好，但更重要的是，他的憤怒如此強烈、過度，那不可能與糖果有關。我知道只要給他糖果的話，我就避開了他的情緒宣洩。他喊著要糖果，但實際狀況是，他快爆發了，他沒睡飽，受不了任何失望。

所有父母都知道，孩子的大怒會發生在他累壞的時候，他不再有能力處理任何一點失望。他感受到體內有一股不舒服（他的疲倦），並想找到原因。他會把握第一個機會，像是他不喜歡綠色的車、他想要糖果、他想玩姊姊手上的熊、湯不好喝……他必須找到一個可以讓他集中精力與發洩精力的理由。

神經元已不堪負荷，讓它重新振作的發洩無可避免。發洩是有幫助的，孩子已經不知道該如何克制激動。

罵他並不適當，因為他已經沒有別的辦法。在解讀情緒爆發時，如果你告訴他「你累了」，會被他當作羞辱，而且只會讓他加倍憤怒。請分析真正的需求，只要幫助他滿足需求就好。

所以，我陪著阿德里安經歷這場失控，我留在他身邊，看著他。只要我做得到，我就會避開他的拳打腳踢抓住他，幫助他控制自己的身體。我跟他說話。我為自己選了對他來說這麼糟糕的時段，沒有尊重他的睡眠時間而道歉。我告訴他，他有理由生氣。

因為他的姊姊選了一個玩具，我們也為他挑了一款小摩托車（在那種狀態下，他自己無法選擇）。後來在火車上，當他補完之前被打斷的午覺後，他就表現得非常開心！另外要注意的是，當姊姊打開禮物時，絕對不能丟給他「你活該，你那時候只要安靜下來就會有禮物了」這句話，畢竟他那時候並沒有平靜下來的生理能力。

他的憤怒之所以表現得太誇張，是因為被轉移到糖果上。我們也讓他就這麼一直大吼大叫，直到五分鐘後真正的需求——睡覺——獲得滿足為止。

請不要從這個例子中得出「孩子生氣時，滿足他的要求是有害的」這個結論。

有時候，孩子的怒意能讓我們衡量他有多渴望或多需要他要求的東西。我們可以依照這個新的局面修正決定，給他我們一開始拒絕他的東西。別擔心會顯得前後不一。再說一次，只要不是習慣這樣做，孩子只會看到你注意到他的需求。任性只是大人的想法，孩子鮮少會主動開始與父母的權力之爭。當我們在治療中解讀這類競爭時，父母常會發現自己在這些事情中的責任。因為把孩子的要求解讀為強求，或是認為孩子為了獲得某樣東西而使用權力，父母無意間便開始把自己置於權力之爭中。很自然地，孩子會試著抵抗，而許多大人就此做出結論：「他在測試我，他想把我逼到極限。」

我認為，孩子試著以他能做到的來讓我們注意他的需求。他還沒辦法每次都好好地說一件事，也沒辦法每次都辨識出自己身上發生了什麼，但如果他很憤怒，那表示發生了什麼。

大人的角色並不是像我們常說的那樣，設下專制的限制，而是給他們保證。我們的角色是運用我們更成熟的大腦、我們的智慧，來認出孩子的需求，幫助他疏導精力、恢復完整感，即便有所不足，還是能自我修復，或是幫助他在面對不公平時表明自我。

3 需要陪伴的生理反應

憤怒是人體的生理反應。憤怒時，身體會釋放腎上腺素，血管擴張，四肢血糖升高……生氣的小小孩會被一股強大的能量侵襲，他會拍手跺腳，在地上打滾。因為年紀還小，他的舉動混亂無章，為了不迷失，他需要被抱住。為了不害怕自己的叫聲、疼痛、衝動，他需要能依靠在場父母的愛，接納他攻擊的衝動，再次給他溫柔，向他傳遞以下的訊息：「你的憤怒並不危險。你看，它不會讓我受傷，我會繼續待在這裡，繼續愛你。你還是那個小男孩（小女孩）。」

之後，隨著大腦漸漸成熟，憤怒還是會入侵他的肌肉，但孩子懂得去找出真正的原因並把它說出來。他懂得把衝動克制在想法中。面對內在經驗，他不再無助，因為他已經能組織自己的經歷，能賦予意義，能在心裡推敲自己的感受。他能夠說出自己的體驗，用語言來表達自己。

我的假設是，生氣時被正確地抱住與陪伴的孩子，成為父母之後，對自己的孩子不會再有無法抑制的暴力衝動。

我們可以在兩代之後來證實或推翻這項假設。鑑於如今的成年人普遍而言很難用有效和非暴力的方法處理自己的憤怒，我們可以認為，是時候以不同的方式來對待孩子的憤怒了！

小小孩還沒有組織自己情感的能力。這些能力是一步一步建構出來的，而且很容易被疲累或累積的壓力壓垮。

安娜的父母不懂，為什麼在幼稚園裡一切似乎都很順利，她面帶笑容、專心、感興趣，但晚上的她「讓人難以忍受」，無緣無故地哭，為了一點小事生氣。其實，白天一整天她都必須控制自己，要服從、坐好、當個好學生。她累積了壓力卻不敢說出自己的經歷。晚上再見到父母時，她爆發了。她向他們「展現」與白天完全相反的一面。她卸下了所有控制的努力，終於拋開了它們。她還不懂得找出生氣的原因，更別提用語言表達。她信任自己的父母，她可以冒險表現出憤怒，但在老師面前她不能冒這個險。

具體而言：

＊接納情緒。

有時候這並不容易，特別是在公共場所，但請想想你是在為他的未來努力！被聽見的憤怒頂多持續幾分鐘。

＊接受情緒，需要時把它說出來。根據情況，用簡單的句子來強化對情感表現

的支持，像是「那真的不公平」、「我知道你覺得憤怒」、「要接受這件事並不容易」、「你生氣是因為你想跟我一起去」。

＊對一個年幼的孩子：抱住他、維持接觸。

兩歲孩子的生氣是強烈而吵鬧的。當你試著碰他，他會用力把你推開。你試著離開，他叫得更大聲！他會追著你跑，試圖咬你、打你。他很明顯地在尋求接觸。你只要不讓他傷害你，留在那裡，注意他就好。當你覺得情緒爆發的高峰已經過去，請向他伸出雙臂，他也會向你伸手。如果他還不習慣以這種方式結束怒氣，請溫柔地把他抱在懷裡，握住他的拳頭，漸漸地，他會讓自己接受這個令人安心的擁抱。這樣一來，他吸收了能減弱他憤怒強度的安全感。

憤怒讓他感受到個人的力量。

他透過在地上打滾來表現自己的無力。如果他被允許表達、哭叫、吵鬧，他會漸漸再次接觸到自己的力量。

在喊叫時，孩子感覺自己因憤怒而激動。對他來說，這是非常重要的時刻。請任由他這麼做，**不要做任何評價**，連讚嘆都不要！對孩子來說，聽到「你生氣生的真好」的感覺，不會比聽到「你生氣的時候很醜」或「馬上停止」好。

別火上加油！被聽見和被尊重的憤怒是很短暫的。當孩子已經從中走出來時，沒必要再次活化它。

如果他太疲累，比起強迫他自己一個人待在房間，溫柔的按摩更能幫助他入睡。

＊年紀比較大的孩子

當怒氣襲來使他失控時，請鼓勵他到另一間房間大叫，那可以是他的房間、客廳或浴室。在那個房間，他可以避開其他家人，聆聽、感受自己身上的憤怒，用哭叫、甚至捶打椅墊來發洩，直到恢復平靜。

這與用權威或惱怒口氣說出的「回你房間冷靜下來」完全不同。這不是疏遠他，而是尊重這股需要空間表達的情緒。這更不是懲罰，而是大家都會在家中使用的技巧。另外，你自己也能示範：到你的房間或浴室去大叫和冷靜下來。在某些家庭中，有一間專做此用的房間，裡面有拳擊球或一堆坐墊。那最好是有隔音的房間，讓我們可以在裡面盡情發洩情緒，花時間與自己相處、反省、冥想、專注。

從房間出來後，孩子重回他在家庭生活中的位置。如果他的憤怒與某位家庭成員有關，他也能再度做出清楚的要求。如果他的憤怒有其他原因，如果先前他的憤怒太誇張、過分或不適當，他也會把它放回適當的位置。

孩子幾歲時才能開始使用這項技巧？有些孩子三歲開始就能這麼做。總之，他需要能夠不以自我為中心，流利地說話和組織自己的思想。另外，如果我們沒有為他做準備，他無法準備好這麼做！也就是說，要曾經充分地被包容的雙臂抱住，他之後才能擁抱自己。

如果家裡空間不夠，你可以準備一個「洩憤坐墊」。這是一個專門用來發洩憤怒的坐墊，沒有人會坐在上面或躺在上面。這是我們用來打、罵、丟向牆壁的坐墊。

家裡氣氛緊張，孩子之間太常吵架時，我們可以安排一場坐墊戰。把小東西移開後，父母和孩子分成兩隊，彼此面對面。接著，讓坐墊滿天飛吧！精力獲得釋放，笑聲快速取代憤怒，這種戰鬥將會重建默契。

4 父母生氣時

有一天，我氣到爆炸，一邊搖晃瑪歌，一邊對她大吼。她哭了，然後開始生氣：「媽媽，你沒有權利這樣做！」

我馬上停了下來。她是對的，我沒有權利這樣搖晃她，讓她害怕。沒錯，我在生氣，但那真的不是傷害她的理由（因為，在面對自己的母親時感到害怕，是非常嚴重的心理傷害）。

我聽了女兒的話，怒氣立刻降溫。我向瑪歌道歉，並把她抱在懷裡，讓她安心。

另一次，不知道什麼原因讓我突然對她說：「你真的很讓人受不了！」

她看著我，反駁道：「媽媽，你沒有權利這麼說。」

「沒錯，寶貝，你說的對。」

我坐到她身邊，繼續說：

「我沒有權利跟你說這些尖銳的話。我說這些話是因為我失控了。但那是我的憤怒，我應該說『我很生氣』，而不是批評你。如果我說你讓人受不了，我會傷害你，那也不會對我需要的安靜有幫助。對不起。」

沒有人是完美的，而且我們都很習慣把自己的困難投射到他人身上。所以，認為這不會發生在我們身上是不切實際的。重要的是，允許孩子感受和說出那是不公平的。這樣一來，他正當的憤怒能把我們拉回現實，我們可以意識到自己怎麼了，並為此道歉。這麼一來將沒有人受到傷害。

相反地，如果孩子被大人貶低、傷害、羞辱或嘲笑時不能或不敢回應，如果他不生氣，他會一直覺得被貶低、羞辱或嘲笑，可能會帶著這道傷痕很久。

如果親子關係一直以尊重孩子為主，在某個憤怒時刻拋出的各種辱罵不一定會讓孩子精神受創。但在敏感時期，只要一個不適當的字就可能會烙印多年。所以最好別冒險！

另外，與自己的情緒保持接觸，而不是將它們投射到孩子身上，將能讓父母專注於自己，對自己更有自覺。**很矛盾地，想把錯誤歸咎在孩子身上，會讓我們更快精疲力盡！**

與自己有關的正當憤怒

某些父母因為害怕傷害孩子，從來不生氣。他們否認自己的需求，壓抑自己的情緒。這種態度最大的缺點是，孩子會無意識地承擔起父母沒說出來的憤怒，並向外表現出來，但卻不知道這股憤怒從何而來，因為那並不屬於他。孩子可能變成真正的小暴君，只要一點點不如己意就發怒。與我們常常聽到的恰恰相反，這不是因為懲罰不足或父母不夠嚴厲，而是因為壓抑了憤怒！

我們可以，也應該學著說「我」。試著做一、兩次，看看你身上發生了什麼，他身上又發生了什麼。

你在生氣：

1. 感受體內憤怒的能量，讓它蔓延全身。停留在身體的感覺中，不要思考。

2. 找出你生氣的真正原因。孩子的行為是開關，但原因是什麼？你覺得無能為力？孩子上學遲到，你上班也遲到時，你害怕老師、孩子或老闆的眼光？你已經受夠自己做了所有家事，老公卻悠悠哉哉地下班回家？你的媽媽又打電話來抱怨她很孤獨或她的靜脈曲張？你累壞了，你多希望可以看電視上的比賽轉播？

或許光是意識到原因就能瞬間熄滅你的憤怒，並把你的能量導向應得的人。然後，告訴孩子你怎麼了。如此一來，他也能學著這麼做。

或者，怒氣持續在你身上累積，然而：

a. 它與你的孩子無關。請接著看第三點。

b. 它直接指向你的孩子。請接著跳到第四點。

3. 告訴你的孩子你對什麼事生氣。請告訴他真正的理由，不要害怕你的伴侶、父母或婆婆等人的形象受損。你更應該保護的是孩子看待他自己的形象，不要把與孩子無關的事歸咎到他們身上。

告訴孩子你需要獨處幾分鐘來宣洩憤怒。到另一間房間去，需要的話，到廁所去，然後大叫！他們之後也會在需要時到這個房間去。待在「洩憤坐墊」前，想像你的面前正是那個讓你痛苦的人。就像他（她）在那裡一樣，對他（她）大叫、大哭，需要時，拍打坐墊來發洩你的壓力。

只要是有意識地去做，而不是被不受控制湧出的衝動驅使，大叫、高聲表達是非常舒服的，尤其能讓人感到解脫。

如果你無法到另一間房間，請注意不要對著孩子吼叫，而要提醒他們：「我很生氣，這不是你的錯，而是因為……（講出真正的原因），但我現在需要大叫。」然後背對他們，大叫：「我真的、真的、真的受夠了！」

發洩憤怒後，花時間談談：

「我大叫的時候，你有什麼感覺？你害怕嗎？沒錯，有人大叫的時候我們會害怕。但你知道那跟你一點關係都沒有嗎？你知道是誰讓我大叫嗎？」

學習表達憤怒對他們來說很重要。

請糾正錯誤的詮釋。如果他們說：「你大叫是因為我打翻杯子。」請清楚地回答他真相：「不是，我那個時候生氣了，但你打翻杯子只不過是另一件讓人不高興的小事，我已經因為銀行不願意貸款給我們在生氣了。每個人都會打翻杯子，那沒什麼。銀行不願意借我們錢也不是你的錯。」

4. 你真的在生孩子的氣。你希望他改變一項有損你需求的行為。別忘了，你的態度同時是他有意識和無意識的榜樣。所以，請特別注意說出需求的方式，不要變成指責。以下是典型的句子結構：

當你……（講出對方確切的行為），

我覺得……（講出我的情緒、感受）。

因為我……（講出我的需求）。

我要求你……（講出此時此刻，可以讓我修補與對方關係的明確行為要求），

好讓……（講出激勵對方的動機）。

舉例來說，會出現：

當你跟我說要吃麵，我替你煮了麵，而你不吃，
我覺得生氣。
因為我替你做飯，我需要覺得這麼做是有用的。
我要求你瞭解，當我為你做了某件事，而你不再想要時，我有什麼感覺，
好讓我還會想替你做你要求我的事。

當你把髒的內褲丟在地上，
我生氣了。
因為我受夠替你收拾東西了。比起整理你髒亂的物品，我更想和你一起做別的事。
我要求你聽見我的感受，把你的內褲放到髒衣籃裡，
好讓我跟你在一起的時候覺得舒服，讓我們可以開心地一起玩。

儘管看起來簡單，這句話複雜且需要有自我意識，也需要意識到對方。首先，在辨識對方確切的行為時，我們很難不陷入概括、籠統而論或評價當中。「你從來

不聽話」、「當你站不好的時候」、「當你讓人受不了的時候」這些話很快就會出現。

接著，因為我們太不習慣把情緒說出來，以至於常常找不到字彙來精準說出感受。我們可能會想用一種情緒來替代另一種情緒：「當你半夜兩點才回家，我很生氣」，而不是「當你半夜兩點才回家，我擔心你是不是出事了」。在這個狀況中，除非青少年與父母先前有過特別的約定，否則生氣是不合理的，擔心很可能才是主要的情緒。

更糟的是，察覺真正的需求並表達出來極為困難。

提出一個當下就能被接受而不涉及未來與承諾的要求，並不容易。

最後，聆聽心中那些親子關係中令人沮喪或受傷的行為造成的後果，並充分專注在對方身上，好激勵他去滿足我們的要求，真的是一門藝術。「好讓」可能聽起來像是勒索，但它只是在回答下面這個問題：

「如果對方同意我的要求，對我、對我們的關係會帶來什麼改變？」

對方能從中受益是重要的，否則，他為什麼要改變自己的行為？

話雖如此，前三個句子——「當你……」、「我覺得……」、「因為我……」——通常已經足夠。

「當你打弟弟，我生氣了，因為我不喜歡有人被弄痛！」

「當你穿著滿是泥巴的鞋子進屋，我生氣了，因為我剛剛才打掃過！」這個句子需要的條件讓我們無法濫用它。它讓我們面對自己的極限。確實，在下面的句子裡，能找到什麼當理由？

「當你拒絕服從我，我生氣了，因為……因為我需要感覺自己比你強？」

「兒子，當你戴耳環時，我生氣了，因為我……我擔心別人會怎麼說？」

我只能因為與我有關的事而生氣。否則，就會變成控制。

這全都需要練習。所以，當孩子對我們說「你很壞」時，不要太責怪他。請試著解讀，他們正在告訴我們：

「當你要我關掉電視，我生氣了，因為我想看那部電影。」

你要以身作則，教他們清楚表達自己的憤怒。

5 在你想打人的那一瞬間，幾個避免暴力的辦法

*用深呼吸讓自己恢復冷靜，不失控。

*你知道你有「想要」打人的權利，但沒有實際行動的權利。聆聽你的渴望：「我想用槌子敲碎他的頭……」如果需要，在心中想像這個畫面。你可以把你的渴望告訴孩子：「我想打你，但我不會這麼做，因為我不想傷害你。我沒有權利打你，但我有想打你的權利。」

*聆聽你的需求。給自己滿足需求的方法，或規劃在未來滿足。

*專注在孩子身上，注意到他發生了什麼，他的需求是什麼，和引起他行為的是什麼。

＊讓自己回到與孩子同樣的年紀，注意自己當時的感受。

＊回想和他相處的幸福畫面，提醒自己你對他的愛。例如他出生的時候，他踏出第一步時你的讚嘆，母親節或父親節時他為你做的禮物……

＊讓你的伴侶接手！
如果是單親家庭，打電話給朋友能減輕你的壓力。

6 他很易怒？

一位媽媽帶兒子來諮商。史蒂芬小學三年級。在班上，他很有攻擊性，他會對老師回嘴，其他家長則投訴史蒂芬打他們的小孩。

我的分析是什麼？他的某項需求沒有滿足。一項行為的背後總是有正向的意圖。史蒂芬試著傳達某件事，很可能是欠缺、失望、不公平。

在簡短的訪談後，我發現史蒂芬似乎對課程深感無趣，但他的平均成績卻將近滿分！

為什麼他得乖乖坐在那裡好幾個小時，聽那些不符合他程度的課？可是卻沒有人聽他說，沒有人注意他的需求！壓力不斷累積，他得替它們找到出口。他有可能會消沉，或是在學習上停滯不前，也就是選擇自我毀滅，但他選擇（不自覺地）把毀滅的衝動向外發洩。

史蒂芬有一個大他三歲的哥哥，他會把史蒂芬納入自己的遊戲中。哥哥的朋友來找他玩時，也會讓史蒂芬加入，就算哥哥不在也一樣。史蒂芬從來不跟他們吵架。

跟哥哥的朋友在一起時，史蒂芬是「大」男孩。跟班上同學在一起時，他覺得自己是「小」孩。只不過，沒有人喜歡覺得自己是「小」孩。史蒂芬不只覺得無聊，他還不得不跟一群讓他退步的小孩在一起。他因此討厭他們。

是什麼讓史蒂芬成熟得這麼快？是誰促使他在智力上全力衝刺，變成全校第一名，也因此跟哥哥越來越接近？

史蒂芬已經好多年沒有見到爸爸。在爸爸缺席的狀況下，哥哥充當了爸爸的代替品。他是史蒂芬的指引。史蒂芬責怪與他同齡的孩子不是爸爸，也或許，他在責怪他們有爸爸！攻擊性總是隱藏了欠缺。

爸爸終於打電話來了。他住得很遠，但史蒂芬現在知道，假期期間他可以見到爸爸了。這通電話立刻產生了影響，他沒那麼有攻擊性了。他獲得了安全感；感覺到他爸爸愛他。

哎！許多離婚的爸爸不太常打電話，有時甚至從孩子的生活中徹底消失。對孩子來說，這是很痛苦的經驗。要讓孩子不至於在自我貶低或消沈中自我毀滅，也不會把攻擊的衝動發洩在他人身上，他需要能說出欠缺，分享自己的恐懼、憤怒、悲傷，或許，還有罪惡感。他需要在某個人的懷裡發洩自己的絕望，一點一滴地接受這次失去。

當攻擊性似乎毫無理由也沒有對象時，我們需要更深入地去找出對象。

照亮月球的地球之光[10]

菲利浦和凱薩琳帶兒子來見我。弗貝特兩歲，這是生氣的年紀，但無論如何，他還是太容易生氣了。他每天生氣好幾次，而且持續超過一小時。父母再也受不了，決定來諮商。

問了幾個與弗貝特和父母的經歷有關的問題，特別是他出生時的狀況後，我得知凱薩琳的媽媽在她懷孕時過世了。進一步深究後，我發現她似乎沒能好好哀悼母親。母親過世時，凱薩琳覺得自己非常絕望。她的母親離開了，卻從不曾是一位真正的母親。凱薩琳從來沒辦法真的對她生氣，也因此無法進入哀悼過程中的反叛階段。她壓抑、克制了自己的憤怒和絕望。

就像所有愛自己的媽媽，受不了看到媽媽痛苦的小孩一樣，弗貝特承擔了媽媽

10. 這個說法來自亞藍・克雷斯佩勒（Alain Crespelle）。他是我的第一位心理治療師，也是我的老師和多年來的榜樣。他於一九九九年辭世。在此，我引用他的句子來向他致敬。這個說法非常貼切地展現了我們自己的情緒如何反映在孩子的行為中。

未說出口的情緒。孩子是真正的吸墨紙，他們吸收父母沒有表達出來的憤怒、恐懼、悲傷和壓力。因為不清楚這些感受的源頭，孩子把它們歸咎於環境中的某樣東西或某件事，且「無緣無故就生氣」。無緣無故？不，這是為了排除父母未說出口的事或未承認、未承擔的情緒造成的壓力。

凱薩琳跟兒子談了。她清楚地告訴他自己在母親過世時的感受，還有他為什麼會覺得自己要替媽媽壓抑的情緒負責。最重要的是，她告訴他：「你不需要承擔我的憤怒、我的情緒。我會自己處理。」弗貝特聽進去了。他無法抑制且漫無止境的憤怒停止了。這令大家驚訝，但也讓大家都鬆了一口氣。

凱薩琳決定要在治療中哀悼母親。她對著坐墊表達了自己的憤怒、失望、痛苦……她審視了自己父母的真實狀況，以另一種眼光看自己，修復了自己。擺脫媽媽潛意識的重擔後，弗貝特得以表達自己的憤怒。

一個孩子特別易怒，但似乎沒有任何欠缺、不公平在擾亂他的生活？那他可能是在表達父母壓抑的憤怒。面對這份遭到自己拒絕，卻因為孩子表達出來而使自己無意間獲益的情緒，父母更加不知所措。

總結來說，孩子太常生氣，生氣程度太誇張，或似乎無緣無故？那可能是：

＊壓力的累積。

＊轉移的憤怒。

＊表達父母潛意識中或未說出口的憤怒。

＊以憤怒來掩飾的另一種情緒（恐懼或悲傷）。因為表達真正的情緒是不可能或不被允許的：「你是個大男孩了」、「只有女生才會哭」、「你該不會在害怕吧！」等。

聆聽、尊重、同理，是面對憤怒的答案。

PART 6

喜悅

一九九八年七月十一號星期日，晚上十點三十七分，法國舉國歡騰。「我們贏了！」法國足球代表隊成為世界冠軍。球場上，球員彼此親吻擁抱，互道恭喜，撲向剛射進最後一球的球員。全國各地的民眾都上街慶祝，香榭麗舍大道上是黑壓壓的一片人群。大家都在唱歌、喊叫、跳躍、舞動、親吻、揮舞國旗、開香檳或啤酒慶祝。喜悅，要大家一起體驗，一起分享！

喜悅是伴隨成功與愛的情緒。它是擴延的，它把我們推向彼此的懷中。或許是因為這樣，它才如此可疑？

感受喜悅的能力是心的智慧與幸福的重要面向。

1 我們能學會活得快樂嗎？

羅蘭四十歲，他活得很痛苦。他覺得消沈，厭倦一切。他無法做決定，就算只是要不要出門這種事，他也無法決定。他不常笑，已經不知道如何娛樂。他跟我談起自己，談起他父親不間斷的評價、母親的過度保護，還有他哥哥的死。派崔克大他一歲，在十九歲那年過世。在那當下，他無法理解哥哥的死。人怎麼會在十九歲過世呢？不可能。他的生活繼續下去，但他沒有發現有一部分的自己留在過去了。他始終沒有完成哀悼的工作。這是一項幾乎不可能的任務，因為牽涉了太多對自己的質疑。父母把他們當雙胞胎對待，他們長得很像，穿同樣的衣服。從派崔克去世的那一天起，家族聚會中就不再有笑聲。「你哥不在了，你怎麼還笑得出來？」羅蘭很快就瞭解到，從此以後，他不被允許有喜悅、有生活了。

如同羅蘭，有許多人為了找回生活的滋味而開始心理治療，因為他們的日常生活中沒有喜悅。

我們應該怎麼做才能讓孩子保有天生的快樂能力？首先，不要像羅蘭的父母一樣制止這份能力，而應該以讓自己最快樂的方式來塑造生活——去愛，去實現自我。

當孩子必須承擔父母的悲傷、失落、不滿足感時，他們無法自由地快樂生活。

我遇過太多才十二、三歲，就已經對生活不感興趣的孩子；他們的父母經常不在，因為工作精疲力盡，或在日常生活中深感壓力。一個人如果身旁沒有愛與喜悅，那活著還有什麼意義？

一九九八年的世界盃足球賽讓我們重新發現了喜悅。民調顯示，比賽過後的幾週，法國人的士氣明顯提升了。然而，即使經濟似乎開始復甦，大多數人的日常生活並沒有太大的改變，除了他們面對生命的方式之外。

活得快樂，傳遞對生命的渴求，或至少不要讓孩子對生命的渴求變質，是父母的責任。活得快樂是一種選擇。這不是要你假裝，刻意整天微笑，不提困難，而是要你用心去面對真相。世界盃的舉國歡騰並不是從天而降的偶然，而是每位球員每天的訓練、教練面對批評仍堅持自己道路的勇氣，和所有人的決心帶來的結果。

如何讓所有運氣都屬於自己，成為人生贏家？當然別為了「謀生」而失去生活，而是選擇一份有意義的工作，永遠追隨自己內心的道路／聲音，而不是聆聽常常並不合理的理智。

和一個我們已經不愛的男人維持婚姻關係，然後得了癌症來避開變得令人無法忍受的狀況，合理嗎？

或是接手父親的事業，放下自己明明很想做的事情，然後在四十五歲時死於心肌梗塞，合理嗎？或者，長年承受嚴重的背痛之苦，只因為我們為了不質疑父母，一直背負著不願卸下的重擔，合理嗎？

這些被壓抑的情感、情緒的糾結和未痊癒的傷口，都阻礙我們獲得快樂。只有解放情緒，任自己說出不安、哭出眼淚、吼出憤怒，如此才會重獲喜悅，因為它是人類深層的本性。**光是感覺活著，就能讓人快樂。**

人生不是一條寧靜長河，但喜悅也非出自寧靜。沒錯，當我們安靜欣賞夕陽時，喜悅自然地滲透我們，但喜悅也會由努力獲得的成功或分離之後的相遇而生。

賦予價值、鼓勵

如何幫助孩子保存快樂的能力？讚美他們、鼓勵他們。比起專注在他們做不好的事情上，你更需要去關注他們，然後發現他們正在做好的事情！

他成功地自己爬到衣櫃上面？太厲害了！

但你又會質疑：「這是禁止的吧？」當然！但也是因為這樣做有危險，所以一直被禁止，你也才會不知道他辦得到，而且不會受傷。如果他證明了自己做得到又沒受傷，那就讚美他吧！

運動、音樂、數學、文學或科學，無論他想成為哪個領域的冠軍，你都要開心地見到他勇於去做並獲得成功。從今天開始就為他的成功做準備吧！

別害怕他會因為成功而不思進取，我從沒見過這樣的人！一般來說，成功會讓人想走得更遠。成功鼓勵人們繼續前進，失敗才會讓人裹足不前。害怕失敗削弱了我們的表現。

請幫助他為自己感到驕傲，即便只是一些小事。將來的奧運冠軍和其他人有什麼差別？差別在於自豪和成功帶來的喜悅。未來的冠軍是那些會為自己微小的成功感到開心的人。我們的運動明星在受訪時回憶說：

「小時候，我一次跳了兩級階梯！我告訴自己：『很好，太棒了！現在跳三階。很好，厲害！四階……』」

就這樣繼續下去。成功帶來迎接新挑戰的動機。那些感受不到這種驕傲，輕視自己成就（「這沒什麼，很簡單……」）的人，沒有堅持不懈的動力。

脫離對受苦的崇拜

無論是身體或知性層面，學習和超越自我永遠是喜悅的來源。好奇是人類的天性；對學習的渴望是真實的，那是對認識、理解、意義的真正需求。

但我們學到好奇心是一項糟糕的缺點！我們學到所有的學習都是無聊的，而且要在辛苦和痛苦中完成！

然而，所有的研究都證實，在拘束下學習的效果明顯不如在快樂中學習；專心坐在位子上、低頭對著書本一動也不動的學習效果，不如輕鬆、放鬆、抬頭地自在學習！

孩子在學校太開心了？他的父母會覺得他學習不認真。然而，成效最好的學習方法是遊戲或戲劇！這些方法的唯一缺點呢？它們看起來的確是太歡樂了，所以對家長，甚至某些老師來說沒有效果！

考驗會隨時間來臨。真正能讓人面對考驗的，並不是某些人說的屈從或自我設限的能力，而是看見事物好的一面、歡笑、與自己內在能力保持接觸、發明解決方法的才能。如今，我們常會看到小丑進入兒童醫院裡，他們的確能緩解痛苦，以歡笑讓人放鬆，並幫助孩子做夢、想像來支持療程。

2 愛

喜悅是成功的情緒，也是愛、相遇、重逢、人際關係的情緒。

請更常說這些溫柔的話：

「我們在一起真的好舒服。」

「跟你們一起生活真的很快樂。」

「我好喜歡和你們三個一起吃早餐。」

當我這樣把喜悅和幸福說出來，我會覺得更快樂，也會看見這令全家人多麼開心。我會大聲說出在心裡對自己說的話：「快樂真好！」然後，我們一起品嚐這段幸福時光。

當我們太投入在洗衣、洗碗、吸塵、功課、修補中，我們會忘記一項每日必需品，也就是賈克．沙羅梅[11]說的，最低限度的「人際關係衛生」。但情緒的灰塵會累積，**在心中形成麻煩的塵團，它們跟塵蟎一樣，必然會引起過敏！**

跟孩子一起坐下（或一起奔跑），不用做太多計畫，只要去感受自己活著，這是多麼美好的事！

有時，孩子的行為令我惱怒：我手邊有必須完成的工作，想要他們趕快睡著，這時候他們儘管只是提出一個小小的要求，我就很容易動怒……此時，我會深呼吸，看著他們並告訴自己：「他們才四歲和兩歲。他們會長大，永遠不再是四歲和兩歲。好好把握吧！」

突然，我的心就融化了。我觀察他們，感覺到自己對他們的愛，怒氣也消失了，因為在這一刻，比起那些等待處理的文件，孩子對我來說更重要。到我很老的時候，我會回顧過去，我不想要等到發現自己沒有花時間看著他們成長時，才後悔為時已晚。所以，我看著他們成長，而我的心也充滿一起生活的喜悅。

11. 賈克・沙羅梅（Jacques Salomé）為法國社會心理學家，長年研究人際關係，亦出版許多關於親子關係、親師關係的著作。

3 遊戲、尖叫和歡笑

「不要再叫了！閉嘴！不要那麼吵！這裡是菜市場嗎？」

大人會抑制活潑快樂的孩子熱烈的喜悅。為什麼要這麼做？當孩子長大離家後，父母又會開始懷念孩子愉悅的笑聲、在樓梯間的瘋狂吵鬧聲和興高采烈的歡呼聲在家中迴盪著的時光。

孩子需要感到愉快，才會覺得自己能自由地存在和成長。在一個悲傷的世界裡，怎麼會渴望長大？怎麼會想成為一個永遠嚴肅，甚至連玩和笑都不會的大人？

我們受邀到朋友家，我陪阿德里安和瑪歌到兒童房去，我就這樣坐在地毯上，開始玩發出轟隆隆聲音的小飛機。那裡有很厲害的玩具，像是可以變形的小汽車、蝙蝠俠，和其他我不認識的太空怪獸。我探索，驚嘆，操作每一件玩具，讓它們滑行或飛起來。我真的樂在其中。一個六歲的小男孩不可思議地觀察我。對話時，他很難不用「您」來稱呼我，也很難放棄「女士」而改叫我「伊莎貝爾」。不久之後，他放棄了：「您在玩玩具？但您是大人，大人不會玩！」

「當然會啊。有會玩玩具的大人，我就很喜歡玩。」

「我的爸爸媽媽，他們從來不玩。」

真可惜。玩，是進入孩子的世界，是跟他們一起遨遊想像的國度，在他們的領土上與他們相遇，「我來當商人，你來跟我買東西……」

有些人說這已經不是他們的年紀該做的事。事實上，他們會感到不自在，覺得自己可笑、脆弱。他們拒絕退化的誘惑。他們可能得面對自己與孩子的親密關係、自己的過去、自己還是小男孩或小女孩時的情緒。如果他們玩，如果他們大膽進入孩子的想像世界，坐在地上和他們一起玩鬧，他們很可能會碰觸到自己內心巨大的痛苦，因為欠缺之痛被喚醒了。他們的父母不曾這樣對待他們，他們或許甚至從來沒有玩耍、歡笑、邊叫邊跑、吵鬧的權利。或許他們過去太缺乏溫柔或玩具，以至於現在仍然無法抱著娃娃或熊玩偶，撫摸它們。

我們必須治癒自己童年的傷，才能獲得玩簡單兒童遊戲的能力，才能允許自己放下控制，還給自己歡笑、在想像世界中漫遊、在地上打滾的自由。

笑不只是一件樂事，也是身心健康的反射動作。笑會釋放橫膈膜的壓力，是一種非常棒的放鬆練習。適量的笑能避免哭泣。可以安排捉迷藏、枕頭戰來讓全家一起開懷大笑。

孩子首先透過他和別人的關係而感到存在，**他的喜悅首先是分享的喜悅，是一**

種「在一起」的喜悅。孩子因為分享，因為與他人相遇而笑。這正是「出現和消失遊戲」大受歡迎的原因。

小小孩懂得和其他人「一起」笑，他還不懂得「嘲笑」。後者讓人產生距離。它不再是喜悅，而是權力感，因為親密的喜悅已經喪失。在嘲笑時，我們因為輕視第三者而團結起來。嘲笑出自自卑感。那是痛苦或遭受過的羞辱，試著以傷害別人的權力所賦予的優越感來尋求報復。這種權力的沈醉只是喜悅的假象。對嘲笑他人的孩子來說，嘲笑是有毒的，對遭受嘲笑的孩子來說亦然。尖銳的話對接收者與說者而言都一樣難受，大人應該更注意這類型的暴力。

孩子在肢體接觸、默契、親子關係、愛與溫柔中和你一起歡笑。

孩子能體驗純身體的喜悅（用自己身體嘗試的喜悅，玩泥土、水和東西的喜悅，愛撫和搔癢的喜悅，試驗自己動作的喜悅）和稍微知性的喜悅，像是學習、認識、分享、問問題的樂趣。

幼兒因為發現自己的可能性而驚奇。他學到的東西是強烈喜悅和巨大驕傲的來源，這帶給他幸福，也值得分享。

4 陪伴喜悅

分享、微笑、歡笑、尖叫、驚嘆、親吻、擁抱，這些都是喜悅的動詞。

別害怕發出聲音。請大聲展現你的喜悅，尖叫，緊緊抱著孩子，帶著他們一起跳。喜悅，是一種肢體交流。想想世界盃最後哨音響起，宣告法國勝利時的那些球員！

我們也可以喚醒美感的喜悅，教孩子欣賞美。

「媽媽，你看，月亮好美！」這句話從孩子口中說出來是如此甜美。

說出你在周圍看到的事物，分享它們。作為回報，你會得到美妙有深度的問題。就像阿德里安一歲七個月大，正值「為什麼」期的某個暴風雨夜，當我們看著遠方劃破天空的閃電時，他問我：

「媽媽，為什麼太陽很閃亮，卻不是閃電？」

愛與喜悅是個體成長的沃土。「我愛你」和「我很高興能與你一起生活」這樣的話永遠不嫌多。

不要糟蹋這些甜美的話。你想說多少次就說多少次，可以一天說好幾次。但在說的時候，一定要看著所愛之人的眼睛，或是建立肢體接觸，要與愛和溫柔的感受接觸。

在說的時候沒有從碗盤中抬起頭來的一句「我當然愛你」，無法讓接受者的內心充滿喜悅。

我們當然不可能一直是開心的，重要的是不要假裝。但如果在你清醒時，有八成的時間都不開心，那表示你的生活中有一些事情需要改變。

過往的情感糾結讓你無法幸福？請解開它！這是你做父母的責任。否則，你的孩子會不知不覺開始承擔你隱藏的痛苦，即便（尤其是）你從沒跟他們提起過。其實孩子為了讓笑容重回太過悲傷或太常生氣的父母臉上，他們會願意放棄自己個性中的許多部分。

讓我們尋找自己內在的喜悅來源，別把自己侷限在憂鬱、例行公事或嚴肅中。活得快樂沒有那麼難。即使外在環境艱難，我們還是能快樂生活。如果自己一個人做不到，可以尋求協助。

一個內心充滿喜悅的父母會將喜悅傳給孩子，這是他能繼承的最棒寶物。

要提升家庭與學校中的快樂程度，我們才能陪著孩子走上成長和樂於生活的路。

要提升快樂需要的並不多。一朵小雛菊、地上的一顆栗子、一團泥巴、一個驚喜小禮物、晚餐時的蠟燭、放出氣球或泡泡……放出愛和溫柔。

PART 7

悲傷

四歲的波萌表情變得嚴肅，雙唇緊閉，眉頭皺起，眼淚滴落，突然間，她大哭了起來。媽媽握著她的手陪伴她，波萌看著椅墊上再也不會動的貓。牠生了重病，現在去世了。她跟媽媽看著貓哭了很久。再見了，朱勒！

悲傷是伴隨失去而來的情緒。

當我們失去自己的貓、寵物、重要的人，感到悲傷是很正常的，但失去玩具、房子、花園、學校……也一樣。哭泣能排除痛苦釋放的毒素。

1 淚水令人動搖

阿德里安在車子裡玩一個小人偶。他和姊姊吵架，拿人偶打椅子，把它弄壞了。他看著碎裂的小人偶，哭了起來。

「停，我們快被你吵死了！」姊姊大喊。

我立刻介入。

「他有哭的權利。」我也告訴他：「你看到人偶摔壞了很傷心，哭吧。」

對一個小男孩來說，這多麼痛苦啊！他很寶貝這個小東西，卻因為一個愚蠢的舉動把它弄壞了。

不過，我們很受不了孩子哭，我們會說：

「別哭了！」

「沒關係，我再買一個給你。」

「來，你會交到其他朋友的！」

「拜託，你是大男生，去把眼淚擦乾，簡直像個女生一樣！」之類的話。

孩子的淚水讓我們動搖。對許多人來說，淚水是痛苦的同義詞。如果孩子哭了，表示他在痛。這表示，如果他不哭，他就不痛了嗎？真是神奇的想法！哭泣是經歷失去後，人體進行修補的見證。淚水讓人感到寬慰、療癒。矛盾的是，這些試著安慰自己孩子（不哭）的人，正是在其他時候克制不住淚水，自己爆哭起來，而在爆發之後還會說「哭一哭真好」。

沒錯，哭一哭真好，特別是在一個懂得聆聽哭泣而不會制止的人懷中哭泣；在一個懂得接納、不評斷、不給建議、不會移開視線的見證者面前哭。

我們與孩子同樣年齡時不被允許哭泣，所以我們會試著制止他們哭泣。

老實說，我們想要什麼？是想要他們不受苦，或是不想看他們受苦？

「不要哭」實際上代表的是：

「考慮我一下，看到你哭我不舒服，所以不要找我麻煩了。」

於是，孩子的需求成為次要。

然而，為了不把悲傷留在內心深處，眼淚是有用的。**一份無法哭出來的悲傷，將會困在心中許多年。**

一個為了讓媽媽或爸爸開心而吞下眼淚的孩子，會把痛苦保存在內心深處，再用一點孤獨和與自己真實感受不相符的感受來加深痛苦。他可能會像個「真男人」，但長大成人後，他會麻木到不再能理解太太或孩子的眼淚，若沒有先喝一杯，就不知道該怎麼笑，怎麼讓自己開心。

悶住的眼淚堵住了通往愛的道路。如果眼淚沒用，為什麼上天要賦予我們眼淚？

早上九點是大家在迷你馬俱樂部集合，選擇自己的活動和馬匹的時間。孩子全都坐著。主任邀他們深呼吸，現場安靜下來。她開始說話：

「今天發生了一件很悲傷的事。佩德羅，也就是那匹謝德蘭小馬死掉了。他昨天晚上和別的馬打架，頭上特別脆弱的地方被踢了一腳。牠因為這樣死了。」

孩子們眼中泛淚，她繼續說：

「有時候有令人開心的事件，有時候則是令人悲傷的事件。這裡有生、有死。這就是生命。」

孩子們哭了。有些已經去看過牠。

「你們有哭的權利。想去看小馬的人，我們會分成小隊去看。那些不想騎馬，想要留著陪牠的人，今天早上也可以這麼做。遺體會在中午運走。」

孩子恭敬地列隊來到小馬的身邊。有些自動去採了一些花。不久後，躺在棺木中的小馬已經覆滿鮮花。在虔敬的氣氛中有幾張哭紅的臉和作為最後道別的輕撫。對小馬來說，這是美好的喪禮，對小騎士來說，也是美好的經驗。

死亡是生命的一部分。讓孩子看看或觸摸（如果他想的話）死去的動物，能讓他感受動物的痛苦；讓孩子花時間與牠道別，在動物離開之前瞭解到自己永遠無法再見到牠……這些都很有建設性。

該說什麼？

瑪琳非常謹慎地向五歲的兒子安東宣布祖母的死訊：

「她去了很遠的地方，不會再回來了。」

安東看著母親，以一種理解的神情說：

「啊，她死了！」

只要孩子經歷過秋天，就會知道有「死去的葉子」（枯葉）。他見過腹部朝天的蒼蠅、凋謝的花，或許也看過柏油路上被輾過的鴿子，他或許還曾經發現自己的倉鼠一動也不動了。依照孩子的年齡，死亡代表的不全然是同一件事。據說，孩子要到九歲左右才會有死亡不可逆的概念。但這不是隨便敷衍他們的理由。

很少有孩子在十歲之前完全沒遭遇過親友或動物死亡的事。金魚、狗、祖母、學校的朋友、父母的朋友、兄弟姊妹，甚至父親或母親的死亡都可能發生。它們的重要性當然都不一樣。該對孩子說什麼？說出真相！

說出真相並不代表猛然丟給孩子一件他無法接受的事實，也不是讓他看太強烈的畫面。重要的是要慢慢來，要依照他理解和吸收能力的速度。

孩子的祖父母過世（也是你的父母過世）、學校同學過世（讓你震驚）、失去一條金魚（讓你不自在）……孩子都會直接接觸到你的情緒，特別是因為這些情緒沒有表達出來。

孩子會感受，會知道。不管是什麼事，對他們隱藏是沒用的。如果你這麼做，他們一方面可能會慌張，另一方面，他們可能會失去對你的信任。比起能說出來的事，祕密、隱藏的事更讓人害怕。孩子會困惑地察覺到你沒對他們說出真相。總而言之，他們可能會失去對你的信任，也可能會失去自信。

如果你堅持且持續否定真相，孩子可能會開始懷疑自己的感知，或建立負面的信念。因為你否認了他模模糊糊察覺到的事實，他因此得出自己無權知道的結論。這可能會在其他地方造成問題。以至於為了讓我們看見他是服從的，在學校時，他也可能會阻止自己去知道！

心理學家現在已經確定，真相永遠比較不傷人。永遠！即使聆聽真相非常痛苦。

他的爸爸自殺了？他的媽媽在車禍中喪生了？他的姊姊被癌症帶走了？讓他知道是重要的。跟他談談發生的事，但要留意孩子可能會在腦海中想像的畫面。聆聽他，問他想像了什麼。情緒會讓耳朵裝上濾網，即便你說得非常清楚，他也可能扭曲你的話。

允許他多次提起死亡，敘述自己的經歷和想像，和提出所有他想到的問題，即使是那些你看來荒唐可笑的問題。

聆聽他——而且只在需要更正錯誤的解讀或太激烈的畫面時，才糾正他。清楚地向他解釋爸爸這麼做的動機或車禍的狀況，盡可能說明疾病的原因。孩子很容易就會覺得自己要為身旁的人遭遇的事負責。請明確地強調，並反覆告訴他這絕對不是他的責任，以及他也有權利去感受從憤怒到悲傷等各種情緒。

沒錯，他有權利對這個身為他父親卻決定離開，也因此拋棄了他的男人感到非常憤怒。無論死因是什麼（自殺、疾病或意外），孩子都會覺得自己被所愛和所需要的人拋棄。他必須要能感覺到憤怒，並能表達出來。

伊麗莎白·庫伯勒-羅斯醫生[12]從她開始執業到二〇〇四年過世為止，她聆聽了成千上萬接近死亡的成人與兒童，也陪伴成千上萬的人走完最後一程，並引導他們的家人進行哀悼。在她的著作中，她與我們分享了那些人向她吐露的心聲，也說明了她觀察到的事。哀悼的步驟如今已廣為人知，但她是第一位把它描述出來的人。以下就是面臨自己的死亡和失去摯愛之人時，我們經歷的階段：

第一階段是否認：

「不，他沒死，這不可能。」

隨之而來的是憤怒：

「這不合理，爸爸你好糟糕，你沒有照顧倉鼠。」

「媽媽，為什麼你走了？我不要，這不公平！」

在這個階段，試著用「你知道的，你的倉鼠很老了」，或是「我再替你買一隻」這類句子來平緩情緒，或用「你媽媽沒有選擇，你知道她愛你」來訓誡都是有害的。

孩子需要憤怒。

請聆聽並接納他的情緒：「你喜歡你的倉鼠」、「你真的很不開心」、「你在生氣，你希望她留在你身邊。」

接下來是憂鬱的階段。孩子進入抽離的時期，對周遭一切不再感興趣。他沈浸在過去中，他回想與逝者的關係。請陪伴他，允許他哭泣和談論。這是在接受之前必要的懷念。

在接受失去後，新的情感依附變得可能。這代表哀悼結束了。

12. 伊莉莎白・庫伯勒—羅斯（Elisabeth Kübler-Ross，1926-2004）為瑞裔美籍的精神科醫師，以研究生死學聞名。

某個人或某隻動物之死，提供了談論其他所愛之人可能會死亡的機會。問題不代表焦慮，除非大人不回答，或是回答得含糊不清。令人焦慮的是不回答問題。不過，過度讓他安心也行不通：

「親愛的，我不會死，你也不會死，只有很老的人會死……」

他可能會反駁：

「可是小馬死了，牠不老。」

這時你必定得說清楚：

「那是意外。」

孩子不笨。他明白我們可能會死於意外，但如果他感覺到媽媽不願意跟他討論，那是因為媽媽害怕，這代表有風險存在！說出真相反而沒有那麼令人焦慮，因為這樣一來，孩子可以自由談論，自我修復。如果他需要透過問問題來瞭解、辨別和釐清，他也可以發問。

比起我們，孩子更能從容地談論死亡。除非是他們自己因為重病而面臨死亡，否則在九歲前，他們對死亡沒有太清楚的概念。他們不會把死亡戲劇化，也可能若無其事地問奶奶：「你什麼時候會死？」或跟媽媽說：「媽媽，你知道嗎，等你死了，我會拿走你所有的首飾。」（這是瑪歌四歲時說過的話。）不久之後，她問我奶奶死了沒，還說：「如果她死了，我們可以寄一張明信片給她的靈魂。我們每天放一封信在她的心裡，就可以每天見到她。」

重病的孩子以驚人的從容態度面對死亡的到來。他們知道自己什麼時候會死，如果我們懂得聆聽，不摻雜自己的焦慮，他們可以輕鬆地談論此事。當身邊的人無法聆聽，他們就閉口不談。他們極為敏感，為了不讓父母痛苦，他們也願意犧牲自己與人交流和感到安心的需求。我們有權利讓他們不得不如此自我控制嗎？明明生病的他們才是很需要我們保護的。

2 懷念

波萌洗澡時，死去的貓被裝入塑膠袋，放進大紙箱中。波萌的爸爸要把牠送到獸醫診所火化時，波萌立刻衝下樓跟她親愛的貓咪做最後的道別，然後在媽媽的懷裡嚎啕大哭。

連續好幾天，波萌不斷提起貓咪的事。「牠喜歡窩在沙發上」、「如果朱勒在這裡，牠會追著這顆球跑」、「牠死了我很傷心」。

漸漸地，朱勒的存在感淡去。

「但是牠一直在我心裡，我永遠不會忘記牠。」她說道。

這段懷念期是哀悼過程中正常的階段。在震驚、否認、拒絕去看、憤怒、對無法接受之事的反抗、討價還價——最後一次試圖與命運談判——之後，隨之而來的是悲傷。

我們常常聽到「別再想了，你會讓自己痛苦！」「向前看吧！」「你為什麼要因為這些事動搖？」」有些父母甚至會在下禮拜就買來新的貓或倉鼠。

「縫合」他的本體

然而，懷念是最根本的功課。我們沈浸在回憶裡不是為了「讓自己痛苦」，而是為了吸收失去的事實和自我修復，在失去了自己的一部分後，重建自己的完整性。

一個孩子會自然地依戀身邊的事物。不只是人，物品、家具、牆都是依據。當孩子還小時，物品是他們的延伸，周遭的事物都是他本身的一部分。**所有的失去都等於失去一部分的自己。**

我失去了某個人，他再也不會出現在我的生命中，我重新思考過去共處的時刻，內化他還在我生命中時帶給我的。如今，他的缺席削去了一部分的我。懷念是一種修復工作，我審視與失去的親愛之人的邊界，堵住每個缺口，察覺隱藏的感受，驅除心魔，漸漸接納我的本體有所喪失的事實，縫起裂縫。

像這樣沈浸在回憶中必然是痛苦的，眼淚會相伴而來。為每道回憶哭泣是重要的，這可以讓它們融入我們，將它們放在心中，吸收內化——另外一個人死了，但他留給我們足跡。

接受必然

嬰兒吸吮著媽媽的乳房，他很舒服，人生很美好，這是天堂。這隻乳房是好的。不久後，他又餓了，他肚子痛，不舒服，他哭叫，媽媽沒有來。這隻乳房變成壞東西，因為它讓他失望。生命的最初幾天就在好乳房和壞乳房間擺盪。我們稱這個階段為「分裂－偏執期」。分裂，因為世界分成兩半；偏執，因為孩子害怕自己強烈的攻擊感。

接下來是所謂的「憂鬱」期，但這絕不是病態的憂鬱，而是合理的悲傷。這個時期標誌了好東西與壞東西——好乳房與壞乳房——的整合。我的媽媽不是完全的好，也不是完全的壞，她時好時壞。我告別非黑即白，開始注意真實世界中黑、白、灰的各種層次。這是感傷的，因為我必須放棄那個永遠都好、從不讓人失望的理想媽媽。我放棄天堂的想法，回到人間，並與一位有時慷慨，有時令人失望的母親建立關係。她是一個真實的人，有自己的渴望；她存在於我之外，不是我的渴望的延伸。

有些人從沒做過這項整合的工作，一輩子都停留在二分法中。事物非黑即白，他們看不見兩者間層次無比豐富的灰色。

3 陪伴悲傷

要陪伴悲傷，只要給他哭的空間就好。用簡單的話鼓勵他哭泣：「這很不容易」、「你真的因為……很傷心」、「想到我們再也見不到一個人，真的令人傷心」。

一般而言，不要在別人哭的時候觸碰他，除非你們之間的關係足夠親密，你的接觸不會讓他的眼淚停下來。

所以，你可以把孩子抱在懷裡，胸口貼著胸口。在你自己平靜地用腹部深呼吸時，感受他的呼吸，在心中接納你的孩子。鼓勵他盡情哭泣：「寶貝，哭吧，把你需要哭的都哭出來！」

哭泣能幫助我們接受失敗。因此，如果露蒂雯輸了遊戲，不要跟她說「別哭了，下次就會是你贏了」，而是「寶貝，我知道，輸了很不好受。」

你覺得這太誇張了？請實驗看看。反正她都會哭，你會發現，如果你不尊重她的眼淚，眼淚會流得更久。

PART 8

憂鬱

憂鬱與自然而正常的短暫鬱悶完全不同。憂鬱是一種會停留好幾個禮拜、好幾個月，甚至好幾年的氣氛。

憂鬱帶有悲傷的色彩，但這不是一種療癒的悲傷，這是混雜情緒的阻塞。

它指出了孩子有無法解決的問題，有很深的痛苦沒被聽見。

1 如何察覺？

一個從早到晚臉色陰沈的青少年很容易發現。但在年紀較小的孩子身上，憂鬱常常是被掩飾的。過分乖巧、隨波逐流或躁動，憂鬱隱藏在這些不同的外殼下，可能不會被發現。

當一個孩子太乖巧或在學校表現太好，很少大人會有所警覺！但這確實是憂鬱的一種面貌。孩子應該是生氣蓬勃的，如果他太溫順、乖巧，那是因為他壓抑了一部分的活力。

法蘭索瓦十一歲。他非常安靜，在學校成績很好，沒有什麼真的讓他感興趣，他不做計畫，也不知道假期想去哪裡，或是下個週末要做什麼。除了讓他逃避現實的電腦外，沒什麼熱愛的嗜好。法蘭索瓦不是情緒化的人。他有點愛做白日夢，日子平靜地流過；他沒有自己掌握生活，就像生活並不屬於他一樣。

讓我們掀開面紗吧。法蘭索瓦的父母常常吵架。爸爸外遇了，而據父母兩人所說，兒子並不知情。他們很小心，不讓孩子聽見他們的對話。然而法蘭索瓦跟我獨處後，我很快就明白，他知道爸爸生命中有另一個女人，而媽媽不快樂。但他卻不能和他們談起。他從不會在父母爭吵時提起自己的痛苦。他把一切悶在心裡。既然父母不告訴他，就表示他不應該提起。另外，他也害怕把事情搬上檯面會導致父母分開。孩子最不想要的，就是覺得自己是父母離異的原因。他多麼希望看到父母相愛。

要到父母跟他談起時，他才終於能說出自己的體驗，感受並表達自己的憤怒，表明自己的恐懼，哭泣，排解內心所有的負擔。憂鬱的孩子是正在受苦的孩子，是一個缺少機會，也沒有權利表達沮喪及遭遇的孩子。而造成憂鬱的溫床，就是不能談論，不能說出他心中的事。

憂鬱的另一個面貌，也是許多父母意想不到的，是躁動。**過動是一種對抗憂鬱的方式**，它常常讓人無法注意到隱藏的問題。父母責罵、懲罰、指責孩子，孩子則在自己的痛苦中越陷越深。父母甚至寧可讓孩子服用煩寧（Valium）或利他能（Ritalin）[13]，而不願正視事實——他們的孩子不快樂，他們或許很可能要負點責任。

如果沒有人注意去聆聽孩子的需求，躁動可能變成暴力。

馬丁正是因此與媽媽一起來見我。他剛剛在幼稚園打了一個小朋友，園長差點就要把他退學了。無論大人或小孩，所有人都覺得四歲的馬丁是怪物。在公園裡，其他的媽媽會把孩子帶開。他從不曾受邀到朋友家，朋友也不會去他家。馬丁是怪物。他自己也這樣相信，到後來，甚至連他媽媽也相信了。這是基因遺傳嗎？我們能做些什麼嗎？

我請媽媽告訴我從她兒子受孕以來的事。我和一邊聽著的馬丁得知了他的爸爸早在他出生前——在一知道女方懷孕後——就離開了。他不想當爸爸。

讓我們暫時站在馬丁的立場。該如何理解爸爸離開了？只要他不知道爸爸拋棄他的真正理由，對他來說，唯一可能的解釋就是他是怪物。為了替爸爸找藉口，讓爸爸不用為自己的離開負責，他承擔了這份責任。有錯的是他，他是怪物。由此開始，他只要證實這項信念就好。既然他是怪物，他就以怪物的方式行動。

一次諮商就足以徹底改變馬丁的行為。他媽媽都認不出他了！他在這次諮商中瞭解到認為自己是怪物的信念從何而來，我也告訴他，他不必為爸爸的離開負責，爸爸不是因為馬丁是怪物才離開，而是因為他自己有問題，因為他覺得自己沒有能力扶養孩子。

馬丁不再反抗媽媽提議的每一件事。即使是洗澡這真正的酷刑，也都變成一種

13. 煩寧是一種鎮靜安眠藥，利他能為治療過動症的藥物。

樂趣。他不再暴力，除了有一天放學的時候。媽媽於是打聽了白天發生的事，她發現老師要求馬丁做一份父親節禮物！

當孩子覺得自己不被愛，他很快就會告訴自己，這一定有原因。他沒辦法質疑父母，所以寧可指責自己。如果父母打他，那不是因為父母暴力，而是因為「他」不好。

再說，許多父母就是說：「我打你是因為你做了不好的事，犯了錯。」所以是為了糾正「你」，而不是為了糾正錯誤；因此，糾正是針對這個人而來，「錯誤」則是孩子這個人本身。一切都很清楚。

所以孩子會想：如果父母打我，那是因為我不好；比起質疑父母，我寧可貶低自我。我需要父母，我怎麼能允許自己認為他們軟弱，無法自我控制，可能會傷害我，是有危險的？因此我寧可認為錯在我身上。有錯的是我，我是怪物。

兒童憂鬱的症狀：

* 不笑。
* 對什麼都不感興趣，「我不知道要做什麼」。
* 感到無聊。
* 人家說他很乖，幾乎太乖了。
* 躁動。
* 睡眠、飲食問題。
* 行為障礙。
* 需要強烈的刺激、腎上腺素，像是可樂、糖、暴力動畫……
* 學業失敗。
* 不投入或過分投入學業。要注意他每次都拿太高分！
* 常抱怨累。
* 反覆生病。

2 學業失敗是一種症狀

學業失敗對孩子來說是非常痛苦的，就算他表現得毫不在意（或許，他其實更痛苦）。千萬別再火上加油地責怪他、羞辱他或貶低他！

失敗的原因是什麼？永遠別相信你的孩子笨、做不到、愚蠢，是數學或任何科目的白痴。他只是目前在學習上遭遇障礙而已，要找出是什麼抑制了他學習。是另一個孩子在控制他，甚至打他嗎？是老師不公平、嚴厲、冷淡，或甚至不勝任嗎？家族裡有什麼沒說出來的事嗎？父母生病或憂鬱嗎？他跟哥哥或媽媽起衝突嗎？或是跟爸爸無意識的期待起衝突？

再一次地，聆聽是最好的答案。

面對校方，你應該捍衛你的孩子，在與老師會面時站在孩子這邊。這攸關他整個人生。在小學四年級或國中一年級被當成沒用的學生不是小事！要補救會很不容易。重要的是要告訴孩子他不是沒用的。如果他辦不到，是有理由的：

＊他的頭腦裡有糾結的煩惱，再也沒有空間留給學習。

*他的老師沒有找到適合他的學習方法。要注意不要因為孩子有閱讀障礙，或只是比老師更屬於視覺型的人，而對孩子做過度的心理學解讀。

*他覺得無聊！

*要讓他對學業感興趣，需要學校對他感興趣。他需要覺得自己對自己和自己的選擇有責任。

在這些狀況中，孩子都有無法表達出來，且影響了他學業能力的情緒。聆聽他，幫助他說出這些令他掛心的感受和想法，直到他的能力釋放出來，找回學習動機。

3 他很憂鬱？

以下是一些可探討的線索：

你或另一半是不是常常不在家？你在家時有時間陪他嗎（用在功課上的時間除外，那在情緒天平上不算數。因為你是為了對你來說重要，對他來說未必重要的事而陪在他身邊）？

他是否是暴力的受害者？或者看見兄弟姊妹或父母一方被施暴？老師使用暴力（肢體或言語上）、凶惡、過度輕視、權威或漠不關心嗎？

家中有祕密，有你們沒告訴他的事嗎？

父母親密、相愛、彼此尊重嗎？無論離異或住在同一個屋簷下，對孩子來說，情感的距離是最難受的。

他沒跟父母一起住？

他遭到性侵？

父母一方或雙方受憂鬱之苦（無論是否有意識到）。

如何幫助他？

告訴他你發現他過得不好，你很想幫助他。孩子通常會否認：

「沒有啊，我很好。」

請堅持你的觀點，並詳細說明：

「當我看到你總是對朋友發火，我心想，你不快樂。有什麼事情讓你煩惱，而且你沒辦法輕易說出來。或許你害怕我們的反應，或許你甚至不知道該怎麼說出那些不對勁的事。但我不會任你這樣下去。你快樂對我來說很重要。你怎麼了？」

「我不知道，所有事情都讓我煩躁。」

「你能想到在你現在的生活中，有什麼事情可能讓你煩躁嗎？」

「讓我煩躁的是數學老師，我做不到，我每次成績都不好。」

繼續向他提出「什麼」、「怎麼」這類開放式的問題。像是「你做不到的時候，有什麼感覺？」「你怎麼想？」等。

允許他表達自我，準備好聆聽一切而不發怒，不自責，不崩潰。

聆聽！然後用「什麼、如何、是什麼」的方式問問題，直到釐清或解決問題。重要的是表達情緒，而不是所有問題都獲得解決。不需要花一整個小時糾纏他。花幾分鐘說話和聆聽。當他飽和了，請結束談話，並告訴他你們會再談。給他時間消化、反思、探究。

你也要思考。你很瞭解你的孩子與他周遭的環境和條件。導致他這種狀態的可能原因是什麼？

給他更多真正的陪伴、聆聽，但也要更常和他一起玩，一起從事活動。

當你發現他遇到不公平，他的領域被侵犯或他被侮辱，請幫助他健康地生氣：「馬克思，你可以告訴哥哥，你不同意他騎你的腳踏車。」「他說你是膽小鬼的時候，你可以反駁。」

Dé-pression（憂鬱）？它正好與Ex-pression（表達）相反。生命能量被封閉了。憤怒作為沮喪、欠缺、受傷的表達被壓抑了。**越把憤怒表達出來，就越能減輕憂鬱。**

幫助你的孩子重新感受到自己有力量，可以控制自己的人生。請樂於接納他的憤怒。聆聽他對全家人的大小事（外出、假期）的意見，經常、但不是一味地追隨他的意見。

如果他還不能主導自己的穿著，請把掌控權交給他。相反地，如果你不對他的服裝做任何評論，可以開始告訴他你喜歡和不喜歡什麼。

別放棄任何一個機會來向他展現他是你的第一順位，他對你來說是重要的，你覺得他很有趣，你想花時間和他相處。把你的時間留給他。

如果可以，請認真處理大人的問題！如果你還做不到，跟他談談。別讓這些問題成為他的負擔。告訴他問題不是他造成的，你們必須要在大人之間自己解決。你要讓他宣洩，聆聽他的情緒、想法和需求。

PART 9

人生並非寧靜的長河

失敗、痛苦、疾病、死亡會出現在每個人的人生中。要怎麼做才能讓考驗具建設性而非毀滅性？如何幫助孩子克服在童年經歷的痛苦，像是哀悼、分離、疾病……？如何幫助他們在長大成人後，能夠以心來迎戰生命中的難題？

1 為了通過考驗，該讓自己變得冷酷嗎？

人們說，在溫室中養大的孩子是脆弱的。如果他們被關在溫室中，在面對生活時，很可能會有困難。我還記得醫院中最早的無菌泡泡實驗[14]。一個小男孩從一出生就被放在無菌泡泡裡，好幾年後才從中離開。接著，他會因為一點點小事就驚慌，幾乎來不及做好準備。事實上，無菌泡泡與在家裡度過的正常童年沒有什麼共同點。

不過，人們通常用溫室來形容太過舒適的童年。生在一個幸福家庭中，有最優良的條件，有一對和睦相愛的伴侶當父母，他們體貼，給予許多愛和自由，沒有太大的婚姻問題，這會讓人變脆弱嗎？

「只要一點小事就能摧毀他！」有些人為了合理化自己的教養方式而如此斷

14. 一九七一年生於美國的大衛・維特爾（David Vetter），因罹患嚴重複合型免疫缺乏症，從一出生就在特殊的無菌空間（無菌泡泡）成長。大衛六歲時，NASA為大衛設計了特殊的裝備，讓他可以離開無菌泡泡，接觸外界。

言。據他們所言，必須教孩子「人生」是怎麼一回事；讓我們翻譯一下，也就是限制、不公平、懲罰、痛苦。然而，這真的是我們想傳遞給孩子的人生景象嗎？我的女兒讀幼稚園時，老師告訴我，讓她學著遵守規則和服從限制是非常重要的，因為她一輩子都會用得上！可是她才三歲！這不是我對人生的看法。於是，我們把孩子從這間強調順從社會更勝於自我發展的學校轉走了。

沒有被強加過多義務、被打、被限制或傷害的孩子，的確不會「變得堅硬冷酷」，也就是沒有穿上「甲殼」。如果遇到嚴重的困難，他們最初的反應或許不會是保護自己或逃走；他們也或許會比其他人更愛哭。但這難道不是心理健康良好的證明嗎？沒錯，他們會比較敏感，但這是件好事！

我們如何能既感嘆世界的冷漠麻木，又希望孩子符合世界？

把展現情緒視為弱點、視為沒有承擔能耐的想法，已經過時了。事實證明，如果不表露情緒，有時反而有助於權力競爭，並能藉此來操控他人。不過以長遠來說，只要情緒的表達正確合宜，會讓人變脆弱的反而是壓抑情緒，而不是表達情緒。

在本書中你已經讀到，讓我們頭腦不清楚的怒氣、讓我們陷入痛苦深淵的眼淚，和讓我們動彈不得的恐懼，並不是需要表達的情緒。這些是有某種意義的寄生情感，但鮮少與當下有關聯。這些情緒需要解讀，但把它們表現出來只會讓問題加劇。

在一場我提及這項主題的演講中，一位年輕女性發言說，在她的公司和普遍的工作環境中，情緒沒被聽見。她舉了自己不久前的經歷為例子。在面對一次不公平待遇時，她在老闆面前難過地哭了，結果他用這件事來對付她。

我們就是這樣深信情緒未被接納，她也以為自己表達了情緒！但面對不公平，憤怒是唯一的適當情緒！哭泣是從受害者的立場邀請對方參加權力遊戲，而老闆也回應了。

我們需要更精通情緒的基本原理。表達情緒不代表讓沒有意義的眼淚任意宣洩，不過濾，不保留。這樣的眼淚只訴說了我們的過去。在上面這個例子中，是小女孩面對父親的無力感！

正當的情緒會讓力量回歸。不合適、比例失當、太過極端、代替、彈性的情緒，會讓我們變得脆弱。

在大多數人的想法中，哭泣與痛苦有關。如果一個人哭，是因為他難過。而在某種想消除痛苦的神奇企圖中，我們會要求他收起眼淚。如果他不哭，就不會那麼難過。

沒錯，聽見別人受苦並不好受。但我們是大人，只因為我們不知所措而強迫一個人，尤其是一個孩子不要表露痛苦，要他獨自處理痛苦，這不合理吧？

一個會表達情緒的孩子不會把情緒留在心裡。沒錯，他在痛，但痛苦不會摧毀他。透過眼淚的幫助，他能度過痛苦。

一個必須收起眼淚的孩子，就只能把痛苦悶在心中。他獨自面對痛苦，自我封閉在痛苦中。他用了一部分的精神能量來賦予這份痛苦意義，來克制情緒，讓自己不要那麼痛苦。這些能量都無法再用來自我發展、學習、在學校認真，或與朋友建立關係。他可能會被考驗削弱。他的痛苦遲早會以某種症狀表現出來。不幸的是，父母未必能辨識出來。濕疹、尿床、不吃飯、成績低落、暴力或憂鬱是一些可能的症狀。情緒也可能深埋多年，直到成年後才試著出現。它們改變了我們對現實的感知，導致事業失敗、婚姻不幸、錯誤和衝突。此時，情緒就在被解雇或離婚時向外爆發，或以癌症或心肌梗塞在體內自爆。

每個人的人生都布滿考驗，不必為了要變得堅強而特別去引起考驗。相反地，幫助孩子在面對考驗時保持堅定，不受傷害地度過考驗，就是在陪伴他建立對自己、對周遭的人，和對釋放情緒的能力的基本信心。

否認、阻擋情緒讓我們有成功逃避情緒的錯覺。但如今，我們已經知道這樣壓抑情緒對身心健康的危害有多大。情緒是上天賦予我們面對人生難題的工具，為何要放棄？

接下來，我們一起檢視童年常會遇到的考驗——在這部分，我不會談到嚴重的虐待問題，那是另一本書要探討的議題。

2 分離

對幼兒來說，分離是最困難的考驗。

出生的分離

有時孩子一出生，就無法避免母嬰分離。因為一些健康問題，你或孩子所需要的照護、能力或特殊設備可能是生產醫院無法提供的，儘管越來越多的醫院設法維持母嬰連結，但這未必做得到。但是，當他們告訴你「做不到」的時候，請堅持並確認！雖然在進入醫院後，你就是「病人」，但這不是順從的理由！

我的第一個孩子是剖腹產。傷口縫合後，我回到樓下的病房，並得知女兒因為體溫低、體重輕，「必須」留在保溫箱中，要一小時後才會來到我身邊。

那是我的第一個孩子，我沒有抵抗醫療入侵的準備。面對「只要她體溫低，就得留在保溫箱」這種必須遵守的規定時，我們完全無法反對，即使我和她爸爸的身體跟保溫箱一樣溫暖！

我問他們，為什麼「不可能」推保溫箱下樓呢？

「保溫箱不能離開所在樓層！而負責你那一樓保溫箱的人員，要等到一小時後才上班。」

我們以為自己在做夢！接著竟然看到這個醫護人員推走保溫箱，只好對他大叫：

「你沒權利這麼做！」

「我要把寶寶帶走！你們才沒有權利留下寶寶！」

說完，他便把保溫箱推走了，結果當然也沒有造成任何問題。

納森剖腹出生後心臟有問題，被緊急送往大醫院。因為剛剖腹，他媽媽無法陪伴他，但爸爸跟去了。他跟自己的寶寶說話，把他抱在身上。夜晚，醫院人員要他離開時，他拒絕了。絕不可能把正在受苦的寶寶獨自留在這個陌生環境中。他想在這裡過夜，留在寶寶身邊。最後，他竟然睡在地板上，在嬰兒床的下面！醫院試了各種方法來打消他留在寶寶身邊的念頭，但他的決心讓工作人員妥協了。隔天晚上，他得到一張舒適的床墊。所以，如果其他父母都像他這麼堅決，醫院早就會遵循，而且會發明更尊重一家人需求的接待設施了。

如果真的無法避免分離，請告訴他——沒錯，告訴寶寶！他聽得到——他雖然聽不懂字面的意思，但能接收到我們的心意。很令人驚訝的是，嬰兒竟然在我們向他解釋發生的事之後，就不再哭泣、不再拒絕喝奶。

嬰兒不只是消化道——如今，科學已向我們證明了此事（因為我們對此不聞不見，所以才需要科學證據）。

寶寶是一個人，他應當被尊重。

他還不會運用語言說話，但他會用身體和哭叫聲說話。他會試著溝通；他有權利獲得有意義的對待。他的大腦已經烙印下所聽到的一切，很需要知道發生了什麼。

送到托育中心時的分離

之後，當媽媽重回職場，就到了孩子去托育中心或學校的時候了。在法蘭斯瓦茲．多托之後，幼兒照護開始改變。幾乎各個托育中心的工作人員都會注意孩子的需求。幾乎各個托育中心都會提供準備期，也就是一段歡迎父母陪伴孩子，直到他覺得足夠自在的時期。幾乎各個托育中心都會幫助你和孩子談話，你不在時，托育人員也會跟孩子談起你。孩子不是我們借放和領回的包裹，他是一個人，他有權擁有自己的意見！

因為你要重回職場，所以把孩子送到托育中心？**他無從選擇，但他有權表達自己的情緒。**

如果幾天過後，你的孩子還是在你要離開時哭，他是想告訴你什麼。不要相信「這會過去的」。哭泣表示痛苦。

我們會想把孩子的淚水解讀為他不想在你上班時待在托育中心。別那麼快下結論。考慮一下孩子正在經歷什麼，試著找出他的需求。跟托育員有關嗎？跟這個地方有關？跟有別的小孩在場有關？是孩子在回應你的焦慮？你自己也覺得在人生中被遺棄嗎？

跟他談談。最重要的是，不要說謊！要說你愛你的工作，很開心能重回職場？當然，這完全無損你對他的愛。告訴他你從工作中獲得的幸福！孩子會樂於看見媽媽開心。我們藉著把分離的責任轉移到他人身上（社會、老闆……等）而試圖不去面對孩子的情緒——告訴孩子你是因為身不由己的限制而缺席，並不會讓他更樂於接受。恰恰相反的是，以長遠來說，承擔你自己的責任更能讓孩子滿意，對他來說也更健康。同樣地，當他不想去幼兒園時，不要用這種話反駁他：

「每個跟你一樣大的小孩都要去幼兒園，這是規定。」

錯！至少在法國，去幼兒園不是義務。義務教育從六歲開始，幼兒園不屬於義務教育[15]。你也可以選擇在家教他識字。去幼兒園是「你」的選擇，這個選擇或許受到你的上班時間影響，但那是你的決定，不是法律的規定。如果我們欺騙孩子，且試圖把自己做出的選擇歸咎到他人身上，日後，當孩子欺騙我們和逃避責任時，又何必驚訝？

每次都要事先提醒他！

就算嬰兒真的沒有時間觀念，充分地事先告知還是重要的。即便是小小孩也需要有時間準備。如果你打算出門一小時，只要那天早上告訴他就好（但不要兩分鐘前才告訴他）。不過，如果你會一個禮拜不在家，至少一個月前就要讓孩子知道。

說真的，為什麼不從你決定好的那一天起就告訴他？畢竟**分離牽涉兩個人**。盡早告知，能讓雙方有時間來聆聽情緒和預期，建立離開與回來那一刻之間的橋梁，聆聽雙方對未來的需求，並依此發展出能持續感受到連結的策略。

試一試，拿一件充滿你氣味的T恤看能否令他滿意？或是讓他從你包包拿走一

15. 法國至二〇一九年起將義務教育提前至三歲。

樣小東西？還是一張相片？**一起準備時，我們會感到親近**。你不在時，他可以用看照片，聞衣服，或摸那件小東西，重新連結到與你親密相處的時刻。

如果離開的是他，沾滿你味道的玩偶或衣服仍舊是最有價值的。讓他自己選擇能幫助他的東西。父母的照片、玩偶、家裡的物品或熟悉的玩具也能幫他感覺到即使我們不在他身邊，但爸爸、媽媽和家一直都在。

對大一點的孩子，你可以製作一天一格的大型表格，讓他逐日打勾。你可以準備像聖誕倒數日曆那樣的表格，他每天可以打開一道小門，發現裡面愛的訊息、糖果或小禮物！自己發明吧！

要記得，只討論一次是不夠的！請常常提起，**不斷反覆**，即使他不喜歡聽你說起這件事。隨著分離日期接近，情緒會改變。

* **跟他談談將要照顧他的人。**

千萬不要把孩子託付給一個他不認識的人。

有些孩子需要時間來建立真正的信任感。見過某個人一小時不足以認識他。在可能的範圍內，如果你必須把孩子託付給他不熟悉的保母，請讓他們能真正認識彼此，並一起互相為你的缺席做準備。

* **向孩子提起在你們分開期間他要做的事。**如此一來，他可以建立依據。在

分離期間，他會繼續存在。

＊描述你的計畫。做解釋，並且不斷告訴他分離的真正原因。千萬別說謊，也不要把你的選擇說成外在強加的義務。

＊談談你自己、你的感受：「要離開你令我難過，我會想你。」

＊聆聽孩子的情緒。他有權展現他的憤怒、悲傷或恐懼。

＊提起你們將會如何重逢。

學習分離

＊玩捉迷藏。

在佛洛伊德描述的線軸遊戲中，小孩拿著線，邊說「fort」（德文：離開了）邊丟出線軸，然後拉著線把線軸撿回來，並說了「da」（德文：那裡）。Fort/Da，離開、來了。這項遊戲和之後的捉迷藏能幫助孩子學習應付缺席和重逢。幼兒只喜歡在某些條件下玩捉迷藏。他會用讓你能很快找到他的方式躲起來，接下來，他會躲在同一個地方好幾次。如果你躲的地方太難找，他會哭。

＊讀一些描述父母離開、孩子擔心，父母回來、孩子放心的故事。
可以從故事談起：「你也一樣，昨天我離開的時候，你也有點害怕，就像故事裡的貓頭鷹寶寶[16]。然後我回來了。媽媽總是會回來的。下個禮拜我還會出門兩天。或許你會覺得有點孤單，就跟貓頭鷹寶寶一樣。我會有兩個晚上不能給你睡前擁抱。之後我就回來了。」

＊讓他逐漸習慣。
在可能的狀況下，規劃符合孩子適應能力的分離時間。避免和未滿兩歲的孩子分開超過二十四小時。在他會說話後，他會告訴你什麼適合他。請聆聽他。
什麼時候可以規劃第一次離家過夜？我認為當孩子可以表達他想要什麼後就可以。明智的作法是，從在奶奶家或朋友家過一夜開始，逐漸增加不在家的時間。

＊離開前「一定」要說再見！
不說再見的話，你或許可以不必面對他的眼淚，但背叛會成為親子關係中的一道汙點。最好學著接納與分享眼淚，它們來自於健康地對待分離。

在分開時保持聯絡？

兩個禮拜對大人來說很短，對一個兩歲小孩來說已是永恆。

＊打電話！寫信！傳真！展現你的存在。

為了不要他哭，你寧願不打電話？或許避開睡前的敏感時段，但請打給他！如果他在掛斷之後哭，這可以讓他把痛苦表達出來。請確定照顧他的人在他哭的時候陪著他，沒有要他「像個大男生」！

他忙著玩嗎？但他還是聽見了你想跟他講話的渴望，他會知道你沒有忘記他。相反地，如果你不打電話給他，他可能會有疑問，而且不會跟任何人提起！照顧他的人會告訴你一切都很順利，他一次都沒說過要找你，他完全沒哭……他明白他必須隱藏自己的痛苦。要到二十年後，他才會把他的不安告訴心理醫師！

想像你的戀人離開一、兩個月（比例上來說，這符合孩子對你離開兩個禮拜的感受）。距離是殘酷的，你多希望能把他擁在懷中。跟他講電話時，你很激動，不願意掛電話，多多少少流了幾滴眼淚。但想像一下，因為害怕聽見你哭，擔心讓你

16.《小貓頭鷹》是馬丁．韋德爾（Martin Waddell）和派克．賓森（Patrick Benson）的繪本作品，敘述貓頭鷹媽媽離開覓食，三隻小貓頭鷹等待媽媽回家的故事。

痛苦，所以不在的期間，他完全沒打電話給你！你會有什麼感受？

你的孩子有權獲得和你一樣的關注，他的需求有權受到相同的尊重，更何況他還小，不能靠自己滿足需求。

＊你是留下來照顧孩子的人？聽聽他談不在家的人。

「爸爸在哪裡？」兩歲半的瑪歌連續問了我二十次。每一次我都回答：「親愛的，他在公司。」

一會兒後，我察覺自己機械式地回答她，所以我問她：

「那你覺得爸爸在哪裡？」

「他在公司，他在用電腦工作，或許他在見客戶。」

事實上，她發問不是要得到答案。這是她用自己的方式讓我知道，她正想起爸爸的樣子。

「你在想爸爸。」會是一個更理解、更適切的回答。

為了不激起不樂見的情緒，周遭的人有時會避談不在的人。太過努力避開這個主題可能會讓孩子起疑。請允許他談論，清楚說出他的感受和想法。

重逢

＊別期待他會馬上跳到你身上。

給他時間處理資訊。他可能需要幾分鐘來吸收這項新事實——媽媽回來了。他或許也需要先結束他正在做的事！不要把這段時間解讀為他不感興趣。相反地，為了見你，他希望感覺自己是完整的，已經收好了他的彈珠，或畫完了畫。

＊克制自己衝向他和瘋狂親他。不要把重逢的時刻變成不安全的時刻。沒錯，如果不在他的節奏內，就算親吻也可能讓他感到不安全。張開雙臂，蹲下到他的高度，等他走向你。

＊他在托育中心很可愛，在家就發脾氣？

一整天下來，他累積了他不允許自己在陌生人面前宣洩的壓力。他把壓力保留給你，因為他知道你會是一個好的包容者。即便他抱怨，你還是會一直愛他。

＊你回家時，孩子沒給你好臉色？

這正合你意，因為你可能想要安靜，你稍微太快地告訴自己「他不想跟我在一起」，然後就去做別的事？其實，你錯過了一個好機會。

你的兒子正因為你之前不在家而生氣。他想你，他用這種方法告訴你。請聆聽他。為了修補你的缺席，他想確定你的愛和關注，及你想和他玩的心。不要讓他失望！

比起：

「等你氣夠了再來玩！」

你不如直接告訴他：

「我真的很想跟你一起玩小汽車。」

最早的情感斷裂

身為父母，你們是孩子的基礎。接下來是其他家人，像是祖父母、叔伯和阿姨。但孩子可能也會對其他人產生情感依附。父母常常不太瞭解早期家庭外關係的重要性。

如果孩子是在家裡由保母照顧，我們有可能會更換保母。合法保母退休、臨托保母完成學業找到工作、幫忙家務換宿的年輕女孩回國……當你一知道這些計畫，就請向孩子預告。拍下照片來陪伴孩子的回憶。請保母跟孩子談談，告訴孩子她離開的原因。可能的話，讓說「再見」的時間拉長一點。

因為種種原因，我們剛上學時交的朋友鮮少會維持下去。社會變動越來越快速。朋友可能會搬家、去別的縣市或轉學。如果你三、四歲的孩子似乎沒提起這些事，那更有可能是因為他不知道該怎麼說起，而不是他沒有感覺。

你們要搬家？

搬家也是導致情感斷裂的機會。如果孩子內心有足夠的安全感，這對他會是更好的體驗。如果他內在的安全感不足，失去習慣的指標可能會造成心靈創傷。

＊幫助孩子想像未來

預期未來。盡可能**多帶他和你一起去拜訪**之後要住的地區。你自己也需要，不是嗎？但他比你對改變更不安，即使他不必擔心搬家的具體層面（也或許正因為如此）。

＊盡量讓他參與

只要可以，就交付他一些任務。不要藉口怕煩擾孩子，或在整理東西時以不讓孩子在身邊干擾為由而把他推開，這些行為都剝奪了對孩子來說很重要的事。

與搬家相關的具體工作，能幫助我們與舊家道別和準備面對新家。裝箱和整理也是去感覺我們對物品的依戀，回顧它們的歷史。

小小孩可以負責把他全部的玩偶裝箱。大一點的孩子可以負責封箱、編號、在每個箱子上標記內容物。

除非他還不會走路，否則別讓他置身事外，像是什麼事都不用幫忙一樣。你要幫助孩子建構他的能力，並且有意識地與他一起經歷改變。請陪伴他：

1. 哀悼過去。
2. 獲得對自我、和對這次改變中不變之事的意識。
3. 想像自己之後在新家的活動來預期未來。

陪伴孩子經歷改變

1．哀悼過去

哀悼的步驟是：否認、憤怒、討價還價、悲傷、接受。給這些情緒空間。在他懷念時陪伴他。拿出過去的照片、提起回憶……

2・過渡區

在兩個世界、兩間公寓、兩個人生時期之間，安排一個過渡區是有幫助的，也就是一個讓自己能慢慢去感受不變之事的心理空間。過渡區能連結過去和未來，讓我們感受到過去生活和未來生活的連續性。我們可以觀察相似性和差異，以及這些差異將能怎麼變得有建設性。在過渡區中，重要的是感受自己的活力、對自己和個人能力的信心。你可以提起曾經成功度過的改變。

3・預期

將未來意象化，想像未來會如何。把自己投射到未來，並決定你想要什麼。

3 新寶寶來臨

對，這是一項巨大的考驗，有些人很難從中恢復。「媽媽給我的時間變少了，她總是在照顧寶寶……她很疲倦，因為晚上沒睡而精疲力盡。」身為老大的孩子，往往要等人來照顧他，有時候甚至因為新來的寶寶被罵。然而，他仍然需要媽媽的關注，我們卻要他提早長大！我們期待他做各種努力、各種調適，因為另一個孩子只是嬰兒！還有，我們之前跟他說他會有一個玩伴，但他發現這個嬰兒只會哭和睡覺，不會玩！媽媽常常親他，他收到好多禮物……「這不公平！」

孩子越大，就越能應付突然闖入生命中的人。然而，拉開生育的間隔也有其他不便。沒有理想的辦法。有了弟弟或妹妹是一項考驗，如果能克服，會變成重要的財富。

當老大並不容易，當老么亦然，更別提夾在中間孩子的居中地位。簡單來說，沒有一個位置是舒服的。而我們的各種保證，特別是「我對你們的愛都是一樣的」，也改變不了什麼。

在這本以情緒為主的書籍中，我不會提到手足之間的關係，無論是愛、敵對、模仿或衝突，我將專注在孩子生命中這項重大的改變上。

他必須向自己最晚出生的地位告別，接受與人分享父母的時間。通常，他也要分享自己的房間和玩具。他失去了特殊地位，這必然會帶來情緒。你的孩子因為你生了新的寶寶而對你**生氣**是自然、正常，甚至健康的。對他來說，新寶寶的出生可能會構成分離的威脅。他可能會焦慮，感覺自己被遺棄，**害怕**失去你的愛：

「媽媽想要另一個孩子，就代表對她來說，擁有我還不夠！」

或是：

「我太大了，她喜歡小寶寶，她不愛我了。」

孩子也可能會害怕永遠失去你：

「她不會從醫院回來了。」

（這是非常普遍的想法。看到媽媽回來會讓他大鬆一口氣。）

你當然不會有那麼多時間給他，他必須接受自己變成第二順位，**他感到難過**。以不想讓兒子承受這種痛苦為藉口，西利爾決定不要生第二個孩子！但是當獨生子女並不是萬靈丹！看見自己因為弟弟或妹妹而失去寶座並不好受，但對未來是有好處、有幫助的。我們應該要幫他避免考驗，還是幫他克服考驗？

叫他理智和道德勸說是沒用，而且傷人。請讓孩子看見你瞭解他的痛苦，聆聽他各種不同的情緒，陪伴他進行這漫長的適應。

比起幫他列出有弟弟妹妹的好處，不如讓他自己來想，但也別省略缺點！

新來的打擾者也可能是繼父、繼妹……所有新來者都會撼動家中的平衡，也因此擾亂了情緒。你的孩子得接受新的爸爸、新的媽媽、繼兄弟姊妹。他不必一定要喜歡他們。你選了新的伴侶，但孩子並沒有選擇彼此做繼兄弟姊妹。不過，只要把事情說出來，而且每個人的情緒都被聽見和尊重，大家就能充分地互相欣賞並一起生活。

4 父母的爭執

你常和另一半吵架？主導你們關係的是怨恨？你覺得為了不讓孩子擔心，最好什麼都不告訴他們？

注意了，孩子不是笨蛋。他們感受得到，即使你們很小心地不在他們面前爭執。（在這種狀況中他們尤其能感受到。因為在他們眼裡，你們的小心隱藏凸顯了事情有多危險。他們的所有感官都在戒備。）

就算在睡覺時，他們也有一部分持續接收周遭發生的事。這會滋長他們的夢、惡夢和無意識的心像。如果他們沒有意識到自己接收了這些畫面，也因此無法說出來時，那他們可能更會受到干擾。只有在我們能辨認事物時，我們才可以疏遠它們，它們也比較不會入侵。

孩子深受父母爭吵之苦，尤其當他們不理解，只看到表面，無法穿透深層的原因時。你必須聆聽他們，並跟他們談談。請勇敢地提起這件事，並在尊重伴侶的精神中進行，即便你對他非常生氣。畢竟伴侶也是孩子的父親或母親。

首先，請聆聽，不要評斷，不要選邊站，不要替伴侶解釋或找藉口，只要聆聽孩子的感受就好。

「爸爸和我吵架的時候，你有什麼感覺？」

「我和媽媽吵架的時候，你覺得很不舒服……」

「你聽到我們吵架的時候很擔心。你在想什麼？」

不要替自己辯解。他不是你的法官，他是你的孩子。不要把焦點轉回你或伴侶身上，繼續集中在他身上。他需要說話的空間。他需要感覺自己是重要的。聆聽他的感受、想法和疑惑。

當他的問題變成真的問題，而不再是為了釣到片段真相而抛出的誘餌時，請回答他。不要欺騙他。請真誠待他。你有不知道和告訴他你不知道的權利，但沒有假裝的權利。

最後，請讓他安心：你跟他的爸爸或媽媽處不好並不是他的錯，而且你們會永遠愛他。

5 你們要離婚

「我無法想像把他們集合起來，或甚至把他們一個一個找來，看著他們的眼睛宣布：『爸爸和我已經沒辦法相處下去了，我們要離婚。』」

對許多父母來說，誠實地告訴孩子自己在經歷什麼，直面他們的眼神、反應和情緒非常困難，因此，一直到離開的前一天，甚至離開的當天，他們寧願什麼都不說。有些人一句話都沒說就離家了，而他們的論點很多：

「我不想要他們痛苦。」

「如果我告訴他們我要離開，然後我又留了一個月或一個禮拜，他們會搞不懂。」

「沒必要事先造成他們的創傷。」

「只要我還沒找到新的住所，還沒要離開，就沒必要跟他們說。」

「我不想表現出我的猶豫。」

「這是大人的事，沒必要把孩子扯進來。」

大人忘了在做出決定前，他花了很長時間思考。父母離異意味著孩子生活上深刻的轉變，為什麼他沒有權利也先做好準備呢？

「我想等到做出決定。」安這麼告訴我。她是三個孩子的母親，她不想無故讓他們驚慌。

如果是每三分鐘就宣布改變方向，當然是有害的；但也要看你需要多少時間來做出這樣的決定，來習慣離異的想法！不過，如果你要等到確定了才告訴孩子，這對他們來說，就會太突然了。

最好盡早跟孩子談，甚至是談你的猶豫，而最重要的是聆聽他們。我們害怕提起自己的不確定會讓他們不安？事實上，實驗證明，比起能與父母分享，被迫面對沒有預料到的離婚決定更讓孩子慌亂。用心說，孩子就會感到安全。他會知道你有考慮到他，你讓他知道狀況。他不會覺得這是一個匆忙而無法理解的決定。他當然會因此受苦，但他將能高聲地表達痛苦，而不是沈默地抑制擔憂。

什麼都不告訴孩子不是為了不讓孩子受苦，而是為了不要面對他們的情緒，及他們中肯（或不中肯）的想法。**我們害怕面對孩子的眼神，害怕他們的評價。**

比起欺騙他們，如果我們能藉由他們的眼神來避免犯下愚蠢的錯誤呢？

其實在猶豫的背後，常常隱藏了我們對孩子的罪惡感；我們也根深蒂固地相信，離婚會嚴重擾亂孩子的想法。不可否認，跟相愛、關係和諧的父母一起生活比較好；但如果他們不相愛，或不再相愛了呢？當他們吵架、鬧翻、互相蔑視或互相毀滅呢？

許多大人在心理治療中敘述，父母不合、吵架、爭奪權力與讓彼此受苦令他們非常痛苦，也責怪父母沒有勇氣分開，屈服於令人無法接受的行為或話語。他們埋怨父母的負面伴侶形象，這在他們身上留下深刻烙印，讓他們自己的戀愛關係變得困難。

當嘗試過一切重修舊好的方法，當愛已不再，分開或許對大家都是解脫。因此，問題不在於探究離婚本身是否具有毀滅性，而是「如何在溝通與相互尊重的氣氛下分開？」而**無法談論離婚或表達自己的情緒，無論是憤怒、悲傷、恐懼，才是有毀滅性的。**

我們必須面對當今的現實。無論男女都不再能忍受疏離的關係；如果在一起不快樂，他們還寧願分開。在法國，百分之十五的家庭是單親家庭（以有未成年子女的家庭比例計算），在英國更高達百分之二十三[17]。

17. 見國際郵報（Courrier international）第431號，1999/2/4-10，p. 48。

由孩子說出真相

父母不合，孩子會知道；他們察覺得到，雖然不一定總能用語言表達。即使父母竭盡全力不在孩子面前爭吵，也只是白費力氣，孩子仍舊感受得到。

賽西爾想和老公離婚已經一段時間了，但還沒跟老公談過。她肯定地告訴我孩子不知道。我建議她更多加注意孩子說的話。就在當天晚上，六歲的兒子令她大感震驚地問她：

「媽媽，如果你離婚了，我可以跟你嗎？」

幸好我們已經一起準備了答案。她知道要聆聽孩子。在這次對話後，兒子的算術能力恢復了！賽西爾因此瞭解了情況：兒子之前滿腦子都是沒有答案的疑問，因而阻礙了他的學習，尤其是除法！的確，當我們隱約地感覺到自己的家庭會分裂，要如何學習除法呢？

孩子感受到卻不敢說，害怕會讓未說出口的事爆發，讓事情更嚴重，甚至加速父母的離異。但這不代表他不需要談這件事！要由大人跨出第一步。

父母離異是心理創傷嗎？

除了父母間的家暴，或自己遭到家暴或性侵，沒有孩子希望父母離異。但值得注意的是，比起父母離婚，當孩子長大後更會指責父母的，反而是他們曾經持續撕裂彼此，過著暗淡無愛的伴侶生活，以及那些鬱悶或不快樂。離婚伴侶的孩子最常指責父母的並非離異本身，而是自己沒被聆聽、考慮、告知。

離異可能是痛苦的，但未必總是有害的。確實有孩子因為父母離婚深受影響，但也有因此放心的孩子，因為事情總算明朗了：他們將能與父母雙方面對面，甚至有權談論離婚，因為在此前，他們或許不准自己談起。他們從此又有了笑容，感到自由。

席維雅的父母終於離婚時，她已經三十歲了。然而，她還是深受打擊。許多祕密揭開了，也討論了某些在此之前一直是家中禁忌的話題。她發現自己整個童年幾乎都在謊言中度過。所以，她揣測的父母關係是正確的！她從來不曾完全相信父母展現出來的表象，她覺得他們在一起時並不快樂，但她不敢揭穿。帶著這種對愛的扭曲印象，她在愛情旅程中遭遇了不少挫折。父母離婚是痛苦的考驗，但卻是真正有益的。在父母離婚後，尤其在窺見父母的真相後，她終於能擺脫過去的負擔，遇到了現在和她同居的男性。

小時候，她不會希望父母分開。但現在，她認為如果爸爸早點離開，對她來說很多事情會比較好。她覺得爸爸讓媽媽不快樂，她埋怨他的行為，也埋怨媽媽的屈服和不快樂。如果他們分開，她可以分別和父親與母親建立更深刻的關係。當時她的父親經常離家，平時很晚回家，也不跟他們一起去度假。

矛盾的是，離婚可以讓一些孩子更認識父親！多虧有了探視日，他們有更多機會見到爸爸。以前，爸爸很晚回家，週末都在睡覺或處理緊急的工作。但有些人反而沒那麼幸運，父親竟然在離婚後從此消失了。

我們對於孩子最重要的責任，除了養育和保護他們外，就是要快樂！如果離婚能幫助我們快樂，那麼孩子會樂於接受。樂於接受不代表能輕鬆地經歷。請花時間聆聽他們的情緒，陪伴他們跟家庭道別，然後陪伴他們與父母雙方分別建立新的連結。

父母離異「本身」並不會造成創傷。讓離婚成為創傷的，是無法表達自己的感受，是不允許憤怒、恐懼、悲傷，是否認這些情緒。

然而，獨自養育孩子（通常，在單親家庭中，是女性承擔養育的責任）是很困難的。我們應該重新思考社會組織，破除這些母親的孤立。

孩子希望你快樂和滿足

我們給孩子的評價，常常是父母給我們的評價！

派翠西雅單身扶養孩子已經好幾年了。她從來沒接受過另一個男性，因為她覺得孩子會無法接受她「替換」他們的父親。等到終於敢和孩子討論，並聆聽孩子的想法後，她驚訝地發現孩子（八歲和十二歲）反而很希望她能發展戀愛關係。

寶拉和十六歲的兒子一起住，她不敢在晚上出門，因為怕兒子不開心；她一心想要彌補兒子從父親那邊遭受的遺棄，想讓兒子知道她永遠不會遺棄他！事實上，兒子很希望看到她出門娛樂。他不敢告訴媽媽，害怕她會因此認為自己不愛她。兩人都因為想保護對方而封閉自我；母子之間對立的狀況相當糟糕，甚至因此無法對話，兩人時常吵架。

我們能替代缺席的父親嗎？

離婚之後不再見孩子的父親比例很高，太高了。為了不面對痛苦或自己的罪惡感，他們試著抹煞過去，甚至還有幫助他們逃走的公司！這些公司讓他們消失，成了失蹤人口。公司提供他們新的身分，通常會讓他們待在另一個國家。但他們的孩子會有什麼感受？

每位父母都要為自己和自己給孩子的形象負責。比起言談，更要為自己的行為傳達給孩子的訊息負責。

我不認為要由母親來承擔父親的形象。某些心理學家認為，母親要為父親的形象負起全責：該說父親真正的缺席並不重要，唯一有影響的，是母親的話語中缺少父親的形象。我們不妨留意父親的缺席很容易被合理化，他們其實需要發明理論來為自己在家中缺席提出辯解！

父親的地位確實是舒適的。因為缺席，他們很自然地被理想化。如果出現在家裡就無可避免會暴露在衝突中；他們的缺席，可以直接遠離那些批評和質疑。

「我爸爸就是神！」珊德琳接著用一個微弱的聲音說：「但他從來不在家。」這幾個字清楚說明了爸爸被賦予的全能地位。珊德琳現在很難理解，為何在一個全心全意投入的「神聖」母親和一個如神一般的父親之間，她會如此憂鬱，對生活如此被動，對他人如此屈服，如此不快樂。

孩子不需要被理想化的父母，他們需要真正的父母。就算真相不太吸引人，但它永遠比鍍金的理想形象對於孩子的人格發展更健康。因此，情緒需要被聽見。

如何告知孩子父母要分開？

* 慢慢來，不要毫無準備地直接宣布這項消息。先談談你自己和你的感受。當事情說出來後，與孩子分享情緒。你們可以放心地一起哭泣（但不要依靠孩子來得到安慰）！
* 不要預先回答孩子沒有問的問題，孩子或許還沒有問過自己這些問題。讓它們隨著孩子的節奏出現。這也是為什麼從一開始就跟孩子談很重要。
* 聆聽他們！不要評價、不要替自己辯解。聆聽他們的感知，聆聽他們感受到什麼、在想什麼、想像了什麼。
* 接納及陪伴他們的憤怒、恐懼和悲傷。這些是健康且有幫助的反應。

6 意外、疾病、痛苦

雖然我們的健康取決於生活方式、飲食、處理壓力和情緒的能力，我們卻不是全能的。沒有人能免於疾病或意外。我們不可能永遠替孩子避開痛苦。孩子受苦對大人來說是考驗，所以為了不讓自己陷入麻煩，大人會要求孩子勇敢，吞下淚水，不要表現出痛苦。

但拒絕聆聽哭泣或聽見痛苦可能會深深傷害孩子，替他的未來帶來災難。馬賽爾五十多歲。他因為嚴重腹膜炎而緊急住院。感染已經發作了好幾週，但他一點感覺都沒有……因為從很小開始，他就學會什麼都不去感覺。孩子不可能讓自己失去你，所以他永遠會竭盡所能地讓你放心。（沒錯，就算當他們把你搞得團團轉也是！這是因為那是他唯一的表現方式，但這依然是為了保護你。）

一個孩子只會表達他有權利表達的。他甚至可能會學著不再感受到痛苦，如果他發現這令你比較舒服的話。他會縮進自己的痛苦中，或是讓自己麻木。

因此，請不要鼓勵他不流淚。如果護理師要他勇敢，或騙他說打針不會痛，請介入！直接告訴你的孩子，他的身體只屬於他，所以只有他才知道什麼會弄痛他。他有權說痛和表現出來。同樣的，如果有訪客（無論是朋友、你的婆婆或你自己的父親）告訴他：「你是男生，你應該……」也請你反駁：「他不必承擔大人處理情緒的困難；覺得痛的時候，哭或抱怨是很重要的。」

如果你遇到孩子哭，請留意他的抱怨，他會覺得自己被聽見、理解、陪伴。當我們覺得自己獲得支持時，會更容易承受痛苦。

如果他要自己一個人住院，請告訴他，其他人不太知道面對痛苦時該怎麼辦，也是因為這樣，他們才會說不要有情緒。你必須教他這麼反駁：「**我才是生病的人，這是我的身體，是我在感覺什麼讓我痛，什麼不會痛。我有權感覺痛和說出來。**」

幫助孩子哭、呻吟。如果非常痛的話，甚至可以幫助他叫出來。這或許會讓醫生和護理師困擾，但在你眼中，你的孩子比他們更重要。

PART 10

與孩子一起更快樂生活的構想

在作為父母的功能外，你也是人。孩子也是人。你有需求，孩子亦然。需求的衝突可能會造成父母與孩子間的競爭，這通常是無意識的，但卻不健康。

在接下來的部分，我將提供幾個重要的構想與具體的作法，幫助你避免權力之爭，並且更能做自己。

1 要快樂

孩子喜歡在日常生活中有一定的例行公事，他們能從中找到依據。但如果他們的父母是服從，而且並非幸福地過著「捷運、工作、電視、睡覺」的生活，他們會看著父母，並心生疑問：如果只是為了進入這種異化的體系，那我為什麼要成長，為什麼要在學校用功，然後變成大人？

我們是孩子的榜樣。

你沒必要替他們犧牲，你的幸福是他們實現、發展自我的基本要素。因為你的幸福會帶給他成長的渴望，也讓他擺脫了要讓你幸福的責任。而且，快樂的父母能對孩子付出更多的情感！

沒錯，新生兒的需求是第一順位。但在那之後，**你的犧牲將會成為孩子真正的毒藥**。你一定會埋怨他；因為疲憊、缺乏空間，你會越來越難為他付出。對你來說，休息、充電、見朋友、做運動、出門娛樂、充分關心自己是必要的，才不會讓你只要有一點點小麻煩就惱怒。

女性比較願意犧牲，但也有男性為了他們自以為的孩子的需求而犧牲自己的人生。**犧牲很少是無償的，父母通常會等著獲得回報，而孩子會絕望地發現，這是交易，不是贈與。**

為了不在犧牲中感到沮喪，許多女性使用「過度彌補」的技巧。她們忘了自己，不去聆聽自己的需求或情緒，完全專注在孩子上。她們無微不至地關心孩子，過度保護，顯得非常體貼和不可或缺，準備好付出一切，滿足任何一點需求。如此一來，不只讓孩子無法有任何自主性，也禁止了孩子的憤怒。這份憤怒是她們非常用力壓抑在自己心裡的憤怒。因此，她們助長了孩子身上一股無意識的強烈怒意，它會在之後爆發，或是轉向孩子自己。

請過自己的生活，而不是透過孩子替你生活。

孩子試圖拯救父母

當父母憂鬱、焦慮、不快樂時，無論孩子是否表現出來，他都感覺得到並會試著補救。

小時候，米荷耶是一個討人喜愛、沒有任何問題的孩子。她永遠面帶笑容，也總能逗人開心。她風趣、愛搞笑，表面上看來，米荷耶的童年是快樂的，但事實上，米荷耶從不覺得她能做自己。她的母親有憂鬱症，她能感覺到她不快樂，而且因為媽媽從不曾真正告訴米荷耶是什麼讓她痛苦，米荷耶把責任歸結在自己身上！她困惑地認為自己是多出來的，並且盡可能地以不要求、逗大家笑來證明自己的位置。

為了不要有太多需求，米荷耶一直自我控制，她用笑口常開來隱藏情緒，並給了自己「讓媽媽快樂」這個不可能的任務。她一輩子都保持著笑容，無論在什麼狀況下，她永遠愉快，似乎不受任何事情影響。她總是在為他人服務，把他人的需求放在自己的需求前。她的人生由這些信念指引：「我沒有需求，我不能有自己的人生」和「孩子是負擔」。

米荷耶以職業來實現自我，她很理所當然地進了慈善機構，但很難和男性維持穩定和諧的關係。她四十八歲，沒有孩子。

如何不讓孩子承擔我們遭遇的難題？隱藏是沒有用的，孩子能感受得到。首先，請誠實地跟他談論。如果米荷耶的媽媽曾跟她分享自己如此悲傷的原因，米荷耶不會有罪惡感。**她不會投入試著療癒母親這項危險又不可能的任務中，她也會知道自己有「擁有需求」的權利。**

曾經，大家普遍認為：什麼都不要告訴孩子，以免他們擔心。他們還沒到能瞭解大人的事的年紀。這些和他們無關……如今我們知道，就算我們對他們解釋得不多，他們還是能全部瞭解。告訴他們才能讓他們放心，因為這能讓他們說出自己的感覺，能幫助他們視自己為有別於父母的人，也因此不用為父母負責。

要知道，所有我們不願意面對的問題，都將由我們的孩子或孫子承擔。但這真的是我們希望的嗎？

過度害羞、缺乏自信、羞恥、罪惡感、焦慮、不良的伴侶關係、職業上的失敗都不是基因遺傳，但卻會傳承下去，有時是隔代的傳承。

你的夫妻關係如何？你在職場上如何實現自我？你的生活有意義嗎？

不要隱藏這些問題，否則你將會看見自己的孩子往後為此掙扎。

無論是你遇到一段財務困難的時期、你失業或面臨解雇危機，或是你跟老闆起了嚴重爭執……都請告訴孩子。不必表現得太過杞人憂天，只要分享你的經歷、感受，只要能減輕孩子的負擔就好。

祕密永遠是有害的。孩子現在的爸爸不是他的生父？告訴他。你在十七歲時被強暴？告訴他。你破產過？告訴他。你坐過牢？告訴他。你沒有高中畢業會考文憑？告訴他。你的爸爸會打你？告訴他。

也告訴他快樂的事，但不要避開你生命中陰暗的插曲。如果你閉口不談，孩子會無意識地受到影響，你將會震驚地發現他重蹈你的覆轍，在同樣的年齡被強暴

（或是遇到一個被強暴的女性，甚至強暴一個年輕女孩）、破產，也可能坐牢、學業失敗、調皮搗蛋到讓你發怒和出手打人。

這種重複的過程，是為了讓他能從內心去感受你過去發生的事，是為了理解你，並找到同一個問題的另一個出口。只要表達出你的情緒，說出你的經歷，你就能讓他擺脫這份重擔。

另外，記得接觸你心中喜悅的部分。深呼吸，感受體內的生命力，提醒自己活著的單純喜悅，不要讓自己被日常生活和它的許多困難淹沒。花時間重新感受你對身邊的人與孩子的愛，感受你在自己的道路上前進，在現在的生活中是快樂的。你活得不快樂嗎？無論是因為癌症、心肌梗塞或憂鬱，都不會讓你的孩子寬心。

請採取改變，讓自己獲得協助，並與孩子溝通。

2 聆聽

「聆聽、聆聽。我很想這麼做，但他什麼都不告訴我！」

我不知道曾經從多少已經不抱希望的父母口中聽到這句絕望的抱怨。其實，光是打開心房和耳朵並不足以讓孩子說話！

在交付自己之前，孩子需要確定自己的感受會**不受評價**地被聽見和接受。然而，你不得不承認，有時候真的很難做到只聽問題而不選邊站、提供辦法或意見，也很難在聆聽情緒時不試著給予安慰、修補。

事實上，不同的命令、威脅、說教、告誡、建議、批評、羞辱、指責，或者恭維、過度的保證或轉移焦點……這些都要禁止，否則孩子只會理解到自己的情緒不受歡迎，以及你認為他無法自己解決問題。

每次我們替他解決問題，都剝奪了他培養自主性的機會；每次我們向他解釋他已經知道的事，他都會覺得受到侮辱、被看輕。

聆聽是要對情緒產生迴響，讓孩子感覺自己就這樣被接受，也能深刻地理解自己。重點不在於聆聽字句，而是要聽見其中情感的回聲。

他向你敘述跟朋友或老師的爭執，他述說失敗或預期到的困難，他抱怨爸爸或哥哥……**聆聽他的情緒，而不是事件！**

用身體聆聽

所有人的身體姿態都背負著他內在的體驗。如果你讓你自己擺出與孩子相似的姿勢，你將能讓他觸及，也能更清楚地聽到他的聲音。

試看看，將身體向後往椅背倒，張開雙腿，搖晃雙臂，你不可能感到害怕。某些姿勢會讓你完全感受不到某些情緒。其實你的身體會向孩子傳達潛意識的訊息：當你全身舒服地癱在椅子上，而他正要向你坦白他在一位女生朋友面前會害羞時，他要怎麼相信你能理解他？在那一刻，你無法觸及他的感受，在生理學上這是不可能的。因此，他知道你並沒有「真的」聆聽他；他知道你只是聽到他說的話，卻沒聽到他的經歷。

用心聆聽

請敢於讓他的經歷在你的心中迴響。

你不必也開始哭泣。這不是讓自己被他的情緒感染的時候！你的孩子需要你的共情，需要你體驗他體驗的，需要你瞭解他在經歷的，而且不是透過你的理智，而是透過你的心。但他不需要你和他一起陷入情緒中。更糟的是，如果你哭了，為了不傷害你，他會打斷自己的情緒！

請注意，如果你的孩子留給你苦澀的滋味，如果過去的許多情緒依然沒有表達出來，這些過去被壓抑的情感可能會與新的感受混合，造成糾結。請辨識出你自己童年的情緒，把它們擱在一旁，另找時間處理。

深呼吸（用鼻子），想像你把氣深吸至骨盆，深吸至尾骨。

別企圖解決問題，而是幫助孩子表達「他」的感受。接納他的情緒，就彷彿你是接納裝了水的碗一樣。

做他情感的容器，不要打斷它們。幫助孩子對你傾洩情緒，而你能回傳給他的只有溫柔，而不是替他感到恐懼、憤怒、悲傷。請傳送溫柔讓他依靠，和面對困難時必要的信心。

你可以使用下面這些句子，幫助他明確地說出自己的經歷：

對你來說，××很不容易。

××很難。

我發現（你傷心、你今天不太順利……）。

我想像××。

我知道你一定因為××而痛苦。

你（傷心、生氣、擔心……）。

你想到（不能再見到我們的舊家……）就難過。

你想（報復、不要再看到他、不要再打電話給他……）。

你喜歡（音樂、鳥、動物……）。

為了幫助他更進一步，也問他開放式的問題

不要問「為什麼」，可能會讓他覺得被指責，而且比起召喚出值得我們關注的感受，你更必須要求他思考，試著用「什麼」、「怎麼」來問問題。請試驗看看，你會看到他更多不同的反應。

發生了什麼？

這給你什麼感覺？
當……的時候，你怎麼了？
當……的時候，你有什麼感受？
當……的時候，你想到什麼？
什麼最讓你難過？什麼最讓你生氣？（當他表現出這些情緒時，問他。）
你最缺什麼？
你最擔心什麼？
你對（某個人的態度、某種行為……）有什麼想法？
你有什麼感覺（對某個事件，覺得快樂或不快樂）？
你怎麼經歷這些事？（這個狀況）？
你怎麼理解這件事？（這個難題）？
你怎麼想？
你害怕什麼？
你最害怕什麼？
你需要什麼？

當孩子對你吐露了足夠的因素後，你可以試著完整地換句話說（請注意，這不是莫名其妙的詮釋，而是把他告訴你的話換句話說）。

當……的時候，你覺得……，因為……。

以下是兩個這類句子的例子：

「當你問問題，而老師說你笨時，你覺得生氣，因為你其實需要他來幫助你理解。」

「當姊姊在家裡招待朋友時，你覺得孤單又傷心，因為這讓你想到你最好的朋友搬家了。」

只有當你們仔細談論了這些狀況，當所有情緒都表達了，你才能問：

你能想到什麼解決方法嗎？

你能做什麼？

我能做什麼？

我們能做什麼？

我能怎麼幫你？

3 用身體、用心、用腦，進行人與人的交流

撫摸、親吻

按摩、搔癢、打鬧、互相追逐……都是用來說「我愛你」、「我接受你原本的樣子」的無法取代的肢體接觸，這也能幫助孩子建立對自己身體和自我的深刻信心。條件是，要尊重孩子設下的界線。當他要你停下來時，請馬上停止你的搔癢或親吻。

我們都很想搔小孩癢或親吻小孩，但這是為了我們自己高興還是為了他好？如果我們的快樂與孩子的快樂吻合，那沒問題，但只要一發現不是這樣，請停止！大人沒有權利為了個人的愉悅而利用孩子的身體，孩子也必須知道身體屬於自己，而且自己的界線會被尊重。

一起做夢

你的女兒興奮地在一件非常美麗的婚紗前駐足，比起「把她拉回現實」，請跟她一起做夢。想像一下：

「我的頭髮上會有花，那天會很晴朗，會有很多人，你會穿這件婚紗，我們會吃小甜點。」

你的兒子夢想有一台電動車，請跟他一起做夢：

「你喜歡開車，對吧。我想像你在花園裡，隆隆、隆隆，那一定會很棒！」

我們永遠都能談論渴望、表達渴望，它們支持著想像的生活。

聆聽他們的夢想，並分享你的夢想。

談論你的感受

談論你在日常生活中感受到什麼。工作上的不公平感？與母親通完電話後的沮喪？因為一位太過年輕的朋友剛剛去世而造成的憤慨情緒？對某位同事的嫉妒？與孩子分享你的情緒吧。他們會覺得與你更親近，也會對自己更放心。

提起你的童年

這不是為了用「我小時候都沒有這些，但我們還不是活得好好的」這類的句子來讓孩子愧疚，而是讓他們能更認識我們，更瞭解我們，也能接觸他們的根。談談發生的事、軼事、事件、人們的行為，但尤其要談你那時的內在生活，你的感受、想法、想像。

當艾力克知道爸爸在學校成績也不好，而且他當時不知道是什麼原因讓他無法學習時（他的祖父會打他爸爸，而且把他說得一文不值），艾立克為自己感到安心，成績也提升了！這讓他父親大感驚訝，畢竟他已經試過一切方法來激勵兒子，一直找不到好方法。

你必須相信，**所有你沒解決的問題，你的孩子都會以某種方式面對！**

無所不談

孩子比你想的聰明，他們想法的中肯和智慧令我們驚訝，但我們卻以他們還小為由，對他們隱藏許多事。

現在，靠著電視的幫忙，他們比我們小時候知道得更多。我們必須記住這個事實，不必猶豫地深入各項議題，以免太過膚淺的資訊帶來奇怪的解讀。

靈魂之間的交流

有時，別忘了從「你的孩子」之外的角度來看你的孩子。他們是完整獨立的人，有自己的存在，有自己的命運。你在這輩子與他們相遇，你甚至有一份任務，你對他們有職責，但他們有自己的個體性。

你的孩子不是你的孩子，
他們是「生命」的子女，
是生命自身的渴望。
他們經你而生，而非出自於你，
他們雖然和你在一起，
卻不屬於你。

——選自卡里・紀伯倫，《先知》18

18. 卡里・紀伯倫著，趙永芬譯。

4 感受為人父母的幸福

讓你身邊圍繞著孩子的照片和畫來維持你對他們的愛，並在他們弄髒沙發、不願意收餐桌或成績不好時，喚醒你內心沉睡的溫柔。

被日常生活的工作（洗衣、整理、做飯、功課……）糾纏時，我們有時會忘了一起生活的快樂。每個父母都說，孩子的童年過得很快、太快了。請你千萬不要錯過！

你之後總會有時間刷亮房子的，在他們都離家，四面牆壁顯得如此冷清，沒有叫聲與哭聲後……

結論

情緒並不危險。它們不僅是生活的調味料，甚至是生活的要素。每一次你讓自己或孩子的心噤聲，每一次你不敢信任自己內心的聲音，每一次你不聽孩子試著告訴你的話，你都在侷限了你自己和孩子的生活。

甘地說過，目的就在方法中。聆聽你的孩子，讓他們懂得聆聽。尊重孩子，他們也會懂得尊重別人。如果願意感受與釋放我們自己的情緒，我們將不再把自己的痛苦投射在他們身上，也會懂得接受他們哭泣。請跟隨他們成長的步驟，陪伴他們走上他們自己的路。幫助他們表達自己，知道自己是誰，相信自己的能力、品味、渴望和需求。簡言之，**幫助他們感受、說出，和使用自己的情緒**。

關心情緒仍是很新的概念；尊重孩子，並視他們為人也是很新的概念。不要因為做不到而愧疚。

我們需要改變社會結構來給父母更多資源與支持。

致謝

我要感謝所有成就本書的人——所有啟發我、向我提問而讓我不得不思考的人，所有分享自身經歷的父母，所有向我吐露他們故事的孩子。書中的例子汲取自我的工作實務、我自己或友人的生活經驗。

我要感謝瑪莉安・拉康特（Marianne Leconte）。謝謝她相信我，並以超乎她所能想像的程度，幫助我培育並精煉我的寫作能力。

我要感謝我父母細心校閱手稿，但尤其要謝謝他們總是聆聽我和尊重我。

我要感謝帕特斯・樂朋（Patrice Le Bon）對我的支持、信任和要求。

我要感謝尚・伯納、阿德里安和瑪歌・佛里德。謝謝他們的愛。

附錄

無體罰教養宣言

鑑於孩子需要指引，而不是在一個反覆施予他們肢體暴力反射動作的環境中成長；

鑑於每年有成千上萬的孩子在紀律的藉口下深受暴力之苦；

鑑於對兒童的體罰帶給他們解決人際衝突的不良示範，而我們知道，他們日後會在暴力的惡性循環中重蹈覆轍；

鑑於對兒童的暴力是一種可以避免之惡，因為有可以教導父母的非暴力教養方法；

鑑於聯合國將二〇〇一到二〇一〇年定為「為兒童建設非暴力與和平文化國際十年」；

我們要求所有人，包括父母在內，停止對兒童的體罰，並在西元兩千年推動教育與立法改革。

我同意上述宣言，並要求：

—頒布禁止因任何原因體罰兒童的法律。

—提供父母幫助他們達成無體罰教養的資訊。

姓名：

地址：

簽名：

國家圖書館出版品預行編目 (CIP) 資料

最好的教養，從接受負面情緒開始：理解孩子的情緒風暴，打造良好親子關係的 45 堂對話課 / 伊莎貝爾・費歐沙（Isabelle Filliozat）著；周昭均譯 .-- 初版 . -- 臺北市：遠流出版事業股份有限公司，2022.02
面；　公分
譯自：Au coeur des émotions de l'enfant: Comprendre son langage, sesrires et ses pleurs
ISBN 978-957-32-9412-2(平裝)
1.CST: 親職教育 2.CST: 親子關係 3.CST: 親子溝通 4.CST: 情緒
528.2　　110022194

最好的教養，從接受負面情緒開始

理解孩子的情緒風暴，打造良好親子關係的 45 堂對話課

作　　者｜伊莎貝爾・費歐沙
譯　　者｜周昭均
副總編輯｜簡伊玲
校　　對｜金文蕙
特約行銷｜張元慧
美術設計｜王瓊瑤

發 行 人｜王榮文
出版發行｜遠流出版事業股份有限公司
地　　址｜ 104005 台北市中山北路 1 段 11 號 13 樓
客服電話｜ 02-2571-0297
傳　　真｜ 02-2571-0103
郵　　撥｜ 0189456-1
著作權顧問｜蕭雄淋律師
ISBN 978-957-32-9412-2
2022 年 2 月 1 日初版一刷
2023 年 8 月 30 日初版三刷
定　　價｜新台幣 380 元（如有缺頁或破損，請寄回更換）

遠流博識網
http://www.ylib.com
Email: ylib@ylib.com